WEB 上での音声ファイルダウンロードについて

■ 『新版 中国語コミュニケーション ステップ 24』の音声ファイル（MP3）を無料でダウンロードすることができます。
「白帝社」で検索，または下記サイトにアクセスしてください。
http://www.hakuteisha.co.jp/news/n26899.html

■ 本文中の A0 B0 の箇所が音声ファイル（MP3）提供箇所です。ファイルは ZIP 形式で圧縮された形でダウンロードされます。
吹込：呉志剛，楊晶

■ ダウンロードがご不便な場合は，実費にて CD 2 枚に収録したものをお送りしますので，下記までご連絡ください。
㈱白帝社　Tel：03-3986-3271　　E-mail：info@hakuteisha.co.jp

■ 本書と音声は著作権法で保護されています。

ご注意

＊ 音声の再生には，MP3 ファイルが再生できる機器などが別途必要です。
＊ ご使用機器，音声再生ソフトに関する技術的なご質問は，ハードメーカー，ソフトメーカーにお問い合わせください。

こきん Chan コーナー

"shi" と "si" を発音してみよう … 13
"小李" と "老李" … 37
書き順に注意 … 53
北京の世界文化遺産 … 75
"绿色" の意味 … 91
中国の主な法定祝祭日 … 113

十二支を読んでみよう … 24
"几岁" と "多大（年纪niánjì／岁数suìshu）" … 45
"几jǐ" と "多少duōshao" … 61
いろいろな "～吧bā" … 83
"标点符号biāodiǎn fúhào" … 105
外来語の意味を当ててみよう … 121

新版 中国語コミュニケーション ステップ24

胡金定・吐山明月 著

白帝社

学習者への案内

　本テキストは、「覚えやすい」「すぐに使える」をモットーに、「聞く・話す・読む・書く・訳す」の５技能がバランスよく鍛えられる初心者向けの中国語入門テキストです。中国語の検定試験によく出題される形式も採用し、検定試験にも対応できるテキストとして編まれました。

　本テキストは12の課と４つの復習から構成されています。

　音声は、初級段階から中国語の独特な声調に慣れるように、ネイティブが普通に話しているスピードで吹き込まれています。

第１課と第２課は 発音 です。

　発音学習の初日から会話を楽しめ、会話の中で発音と声調を覚えていきます。

　「声調と発音に慣れよう」は単音節から２音節へさらに短い語句やすぐに使えるセンテンスへの練習です。

第３課～第12課は 本文・文法事項・練習問題 からなっています。

本文　STEP	日常生活や中国旅行など様々なテーマの会話文。各課に２つのSTEPを設けています。 音声には各STEPの会話文が２回ずつ収録されています（１回目は聴きとり用。２回目は復唱用）。
文法　POINT	基礎文法事項。各課に６つのPOINTを設けています。 例文は２人の会話からなり、会話の中で基本文型や語句の用法を覚えていきます。
練習問題	ドリルAとBに分け、豊富な練習問題で５技能をステップアップしていきます。 ドリルA「聞く・話す・読む」を中心に、STEPの会話応用に対応しています。 　Ⅰ 言い換え（４問　会話文）　Ⅱ 通訳（５問　日本語から中国語へ） 　Ⅲ リスニング（５問　一問一答・長文聴解）　Ⅳ 長文の朗読（漢字だけ） ドリルB「読む・書く・訳す」を中心に、POINTの文法定着に対応しています。 　Ⅰ 語句（10個　ピンインと漢字）　Ⅱ 文法事項の確認（10問　文の書き換え・空欄補充・文の組み立てなど）　Ⅲ ピンイン文を漢字に（５問）　Ⅳ 翻訳（８問　日本語から中国語へ）
復習４課	学習したものを段階的にまとめ、次のステップへの基礎を固めます。 復習１　発音のまとめ　確認テスト 復習２～４　Ⅰ 文法のまとめ　Ⅱ 長文読解　Ⅲ 確認テスト

　さらに、中国語の力を身につけるとともに、中国に関する知識や常識も知ってもらうために、各課に「こきんChanコーナー」を設けました。ブレークタイムに使えます。巻末に「語彙表」があり、予習、復習に活用できます。

目　次

日本漢字と中国漢字(簡体字)対照表 …………………………………………………… iv
中国語について ……………………………………………………………………………… v

第 1 课　声調・単母音・子音 ………………………………………………………… 4
　　　　　STEP1　声調・単母音　　4　　　　STEP2　子音　　7

第 2 课　複合母音・鼻母音・儿化音 ………………………………………………… 14
　　　　　STEP3　複合母音　　14　　　　　STEP4　鼻母音・儿化音　　18

復習 1 ………………………………………………………………………………………… 25
　　　　Ⅰ　声調符号の付け方　　　　Ⅱ　声調の組み合わせ
　　　　Ⅲ　"不bù"と"一yī"の変調　Ⅳ　発音のバリエーション
　　　　Ⅴ　数字（0～100）　　　　　Ⅵ　確認テスト
　　　●　挨拶言葉 ……………………………………………………………………… 30
　　　●　教室用語 ……………………………………………………………………… 31

第 3 课　STEP5　您叫什么名字？ ………… 32　　STEP6　你好吗？ ………………… 33
　　　　 POINT　1．動詞"是"を用いる文　2．動詞述語文　3．形容詞述語文
　　　　　　　　 4．"吗"疑問文　　　　　5．反復疑問文　6．構造助詞"的"

第 4 课　STEP7　你有兄弟姐妹吗？ ……… 40　　STEP8　你学什么专业？ ………… 41
　　　　 POINT　1．日時の語順　　2．省略型疑問文　3．助詞"了"
　　　　　　　　 4．名詞述語文　　5．2つの"在"　　6．量詞

第 5 课　STEP9　你有什么爱好？ ………… 48　　STEP10　咱们一起去看吧。……… 49
　　　　 POINT　1．助動詞"会"　2．連動文　　　 3．相手の意向を尋ねる疑問文
　　　　　　　　 4．助動詞"想"　5．助動詞"要"　6．選択疑問文

第 6 课　STEP11　你家离学校远不远？…… 56　　STEP12　快要放暑假了。………… 57
　　　　 POINT　1．前置詞"离"　2．前置詞"从""到"　3．"快要~了"
　　　　　　　　 4．助詞"过"　　5．前置詞"给"　　　6．数量補語

復習 2 ………………………………………………………………………………………… 64
　　　　Ⅰ　文法のまとめ　1．否定を表す"不"と"没（有）"　2．疑問文のパターン
　　　　Ⅱ　長文読解　　　Ⅲ　確認テスト

第 7 课　STEP13　请问，这附近有没有地铁站？　STEP14　走着去，用不了十分钟。
　　　　　　　　　　　　　……………………… 70　　　　　　 ……………………… 71
　　　　 POINT　1．存在を表す"有"と"在"　2．動態助詞"了"　3．助動詞"得"
　　　　　　　　 4．動詞₁＋"着"＋動詞₂　　5．二重目的語　　 6．助動詞"能"

第 8 课	STEP15　你点菜吧！ ………………… 78　　STEP16　你菜做得怎么样？ …… 79
	POINT　1．語気助詞"吧"　　2．禁止の表現　　3．動詞の重ね型・動詞＋"一下" 　　　　4．"～是～，但是…"　5．接続詞"要是"　6．構造助詞"得"

第 9 课	STEP17　这个多少钱？ …………… 86　　STEP18　你是在哪儿买的？ …… 87
	POINT　1．金銭の言い方　　2．前置詞"比"　　3．"A 没有 B（那么／这么）～" 　　　　4．助動詞"可以"　5．"是～的"構文　6．"一点儿也（／都）"＋否定文

復習 3 ……………………………………………………………………………………………… 94
　　Ⅰ 文法のまとめ　1．前置詞　2．助動詞
　　Ⅱ 長文読解　　　Ⅲ 確認テスト

第 10 课	STEP19　你在北京住了几天？ …100　STEP20　让我看一下。 …………… 101
	POINT　1．動態助詞"了"　　2．兼語文　　3．方向補語 　　　　4．副詞"正在／正"　5．助詞"着"　6．"一～，就…"

第 11 课	STEP21　你怎么又把词典弄丢了？　　STEP22　我感冒了。 ……………… 109
	………………… 108
	POINT　1．"把"構文　　　2．副詞"又"と"再"　　3．疑問詞"怎么" 　　　　4．"被"構文　　　5．助動詞"会"　　　　6．結果補語

第 12 课	STEP23　你学了多长时间汉语了？　　STEP24　为我们的友谊，干杯！ 117
	………………… 116
	POINT　1．2つの"了"の併用　2．副詞"越"　　3．構造助詞"地" 　　　　4．可能補語　　　　5．"一边～一边…"　6．"～，是吗？／是不是？"

復習 4 ……………………………………………………………………………………………… 124
　　Ⅰ 文法のまとめ　1．語気助詞"啊""吧""的""吗""呢"
　　　　　　　　　　2．動態助詞"了"と語気助詞"了"
　　Ⅱ 長文読解　　　Ⅲ 確認テスト

付録	1．ドリル A―Ⅲ　聴き取り練習の全文 ……………………………………… 130
	2．語彙表 ……………………………………………………………………… 135
	3．中国語音節表 ……………………………………………………………… 154

補充語句

人称代詞 … 34	指示代詞 … 35	曜日 … 42	量詞 … 43
時刻 … 50	一日の行動 … 51	時間 … 58	回数 … 59
乗り物 … 72	方位詞 … 73	食べ物 … 80	飲み物 … 81
通貨 … 88	数字 … 89	方向補語(1) … 102	方向補語(2) … 103
疑問詞 … 110	結果補語 … 111	可能補語 … 118	祝う言葉 … 119

日本漢字と中国漢字(簡体字)対照表

日本の漢字		中国の漢字		日本の漢字		中国の漢字	
偏旁	例字	偏旁	例字	偏旁	例字	偏旁	例字
言	誰 語	讠	谁 语	裏	壊 懐	不	坏 怀
阝	陽 陸	阝	阳 陆	景	還 環	不	还 环
自	師 帥	刂	师 帅	𭕄	労 営	䒑	劳 营
堇	難 漢	又	难 汉	龍	龍 瀧	龙	龙 泷
雚	観 歓	又	观 欢	戠	識 職	只	识 职
幾	幾 機	几	几 机	金	鉄 鐘	钅	铁 钟
門	問 間	门	问 间	鳥	鶏 鳥	鸟	鸡 鸟
食	飯 餃	饣	饭 饺	圣	経 径	圣	经 径
昜	湯 場	汤	汤 场	東	東 陳	东	东 陈
馬	馬 駕	马	马 驾	戔	銭 浅	戋	钱 浅
糸	経 給	纟	经 给	買	買 売	买	买 卖
為	為 偽	为	为 伪	斉	済 剤	齐	济 剂
無	無 蕪	无	无 芜	頁	題 順	页	题 顺
專	專 伝	专	专 传	埶	熱 勢	执	热 势
車	車 転	车	车 转	尭	焼 暁	尧	烧 晓
貝	則 質	贝	则 质	喬	橋 驕	乔	桥 骄
見	覚 観	见	觉 观	僉	験 剣	佥	验 剑
長	張 長	长	张 长	歯	歯 齢	齿	齿 龄
風	風 飄	风	风 飘	魚	魚 漁	鱼	鱼 渔
岡	岡 剛	冈	冈 刚	骨	骨 滑	骨	骨 滑
侖	論 輪	仑	论 轮	達	達 韃	达	达 鞑

中国語について

1 漢字

「漢字」は中国殷代(いんだい)(紀元前15世紀頃)に作り出されて以来、幾度も変化が起こり、現在の形に成っている。現在、中国本土のほかに、イギリスから中国に返還された香港、台湾、日本、朝鮮半島、シンガポール及び世界各国にいる華僑・華人の間でも用いられている。漢字の祖先となる最も古い文字は甲骨文字である。漢字は象形、指事、会意、形声、転注、仮借などの方法によって作られた表意文字であり、表音的にも用いられている。日本には早くから伝わり、漢字の構成方法に倣って新しく生まれた漢字もある。例えば、「辻(つじ)」、「峠(とうげ)」、「榊(さかき)」、「凩(こがらし)」、「鰯(いわし)」などである。これらの漢字を「国字」という。日本でできた漢字語の組み合わせで、中国に逆輸入された言葉(語彙)もある。例えば、「政治、経済、幹部、取締」などである。漢字の意味は日本と中国は大半同じであるが、違うものも結構ある。日本語の「床」は、中国語は「ベッド」という意味になる。日本語の「手紙」は、中国語は「トイレット・ペーパー」になる。同じ漢字でありながら、うっかりすれば誤解を招いてしまうこともある。1956年、中国では文字改革が行われ、多くの漢字が簡略化され「簡体字(かんたいじ)」といわれるようになった。例えば、"发、车、专"である(「日本漢字と中国漢字(簡体字)対照表」を参照)。簡略化されていない従来の漢字は「繁体字(はんたいじ)」という。例えば、"發、車、專"である。次の漢詩を読めば、簡体字と繁体字が一目瞭然である。

簡体字	繁体字	日本漢字
春眠不觉晓	春眠不覺曉	春眠不覚暁
处处闻啼鸟	處處聞啼鳥	処処聞啼鳥
夜来风雨声	夜來風雨聲	夜来風雨声
花落知多少	花落知多少	花落知多少

2 発音表記(拼音 ピンイン)

1958年には、ローマ字によって現代中国語が綴られる「漢語拼音方案」が実施され、中国語の漢字発音教育、辞書の配列順などに適用されている。"拼音(ピンイン)"は現代中国語の表音記号として使われるようになり、現代中国語の音節(原則として一字の漢字は一音節で発音される)は**子音＋母音**または**母音**だけで構成されている。"普通话"(中国語の標準語)には、母音が36個(うち特殊母音が1個)あり、子音が21個ある。これらが組み合わさった音節は400以上ある(付録「中国語音節表」を参照)。

子音（21個）

	無気音	有気音		
唇　　音	b	p	m	f
舌 尖 音	d	t	n	l
舌 根 音	g	k	h	
舌 面 音	j	q	x	
舌尖後音	zh	ch	sh	r
舌尖前音	z	c	s	

母音（36個）

		i	u	ü	er
単母音（6個）＋捲舌母音（1個）	a	ia	ua		
	o		uo		
	e	ie		üe	
複合母音（13個）	ai		uai		
	ei		uei		
	ao	iao			
	ou	iou			
鼻母音（16個）	an	ian	uan	üan	
	en	in	uen	ün	
	ang	iang	uang		
	eng	ing	ueng		
	ong	iong			

　音節の中での高低、昇降の変化で語義を区別する音調を**声調**（せいちょう）という。"普通话"（中国語の標準語）には第1声（陰平声）、第2声（陽平声）、第3声（上声）、第4声（去声）の4種類の声調があり、これを**四声**（しせい）という。

3　標準語（普通话）と方言

　中国は多民族の国家である。人口の9割以上を占める漢民族の言語は"汉语"で、中国国家の法定の言語である。中国には漢民族を除いて、55の少数民族が存在する。少数民族にはそれ

それの言語や文字があり、漢民族にも多くの方言が存在する。日常生活ではそれぞれの言語や方言を使い、政府機関、テレビ、ラジオ、学校、会社、空港、駅、デパートなどの公的な場所では"普通话"使用を義務付けられている。"普通话"は、北京語（北京の方言）の発音を標準音、北方方言の語彙を基礎語彙、典型的な現代口語体の著作物を文法の規範とする現代中国語の**標準語**であり、中国の共通語として使われている。"普通话"を学習すれば、中国のどこへ行っても通じる。私たちがこれから学習する「中国語」は、この"普通话"である。

参考までに"汉语"の方言区を挙げると、北方方言区、呉方言区、湘方言区、贛方言区、客家方言区、閩方言区、粤方言区の7つである。

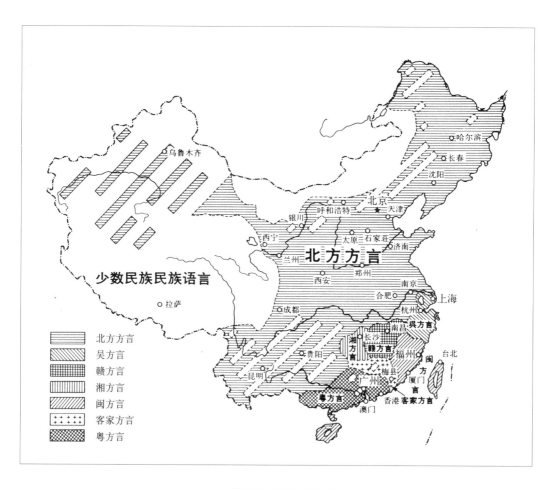

現代汉语方言分区地图

第1課 Dì yī kè 声調・単母音・子音

STEP 1 声調・単母音

四声	mā	má	mǎ	mà
軽声	mā ma	má ma	mǎ ma	mà ma
単母音	a o	e	i	u ü er

1．声調

　中国語の音節には声調がついている。これによって意味を区別している。共通語には「四声」という4つの基本的な声調があり、また本来の声調を失って、軽く発音する「軽声」がある。声調は声調符号によって示される。声調符号は母音の上につける。「軽声」は声調符号をつけない。

1）四声

	第1声	第2声	第3声	第4声
声調符号	－	´	ˇ	`
	mā	má	mǎ	mà

第1声：高く平らに伸ばす。
第2声：中ぐらいの高さから上げる。
第3声：低く抑える。
　　　　単独または文の最後になる場合は最後を上げる。
第4声：高い所から一気に下げる。

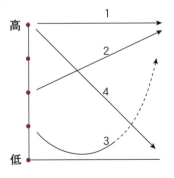

1
STEP 1

■ 同じ tang でも

tāng	táng	tǎng	tàng
汤	糖	躺	烫

A 3 ■ 声調に慣れよう。

mā	má	mǎ	mà
妈	麻	马	骂
お母さん	麻	馬	叱る

Mā mà mǎ.　　　　　Mǎ mà mā.
妈 骂 马。　　　　　马 骂 妈。
お母さんが馬を叱る。　馬がお母さんを叱る。

2) 軽声

mā ma　　má ma　　mǎ ma　　mà ma

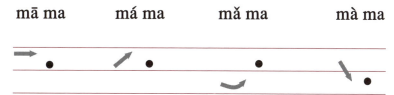

A 4 ■ 声調に慣れよう。

māma	lái ma	hǎo ma	xièxie
妈妈	来 吗？	好 吗？	谢谢！
お母さん	来ますか。	よろしいですか。	ありがとう。

Māma mà mǎ.　　　　Mǎ mà māma.
妈妈 骂 马。　　　　马 骂 妈妈。
お母さんが馬を叱る。　馬がお母さんを叱る。

声調・単母音 —— 5

STEP 1　声調・単母音

2．単母音

単母音 a o e i u ü は単独で或いは子音と組み合わさって、音節を形成する。
er は巻舌母音で、単独で用いる。

a	口を大きく開けて、明るい「ア」を出すように発音する。
o	日本語の「オ」より唇を丸く突き出すように発音する。
e	舌の状態を「o」と同じにし、「o」の唇を緩めて、やや左右に開けて発音する。
i (yi)	日本語の「イ」より唇を左右に大きく引いて発音する。
u (wu)	日本語の「ウ」より唇を丸く突き出して発音する。
ü (yu)	舌の状態を「i」と同じにし、唇をやや緊張させ、横笛を吹くように突き出して発音する。
er	舌先を反らせて発音する。

> **表記**　i u ü は単独で一音節になる場合に、i→yi　u→wu　ü→yu と表記する。
> i は上の点をとってから声調符号をつける。

A 5

a　o　e　i　u　ü　er

ā　á　ǎ　à　　　ō　ó　ǒ　ò
ē　é　ě　è　　　yī　yí　yǐ　yì
wū　wú　wǔ　wù　yū　yú　yǔ　yù
ēr　ér　ěr　èr

A 6 ■ 発音と声調に慣れよう。

ā	wǔ	yī	èr	yú	yǔ	ó	è
啊	五	一	二	鱼	雨	哦	饿
あ(感嘆詞)	5	1	2	魚	雨	え(感嘆詞)	飢える

Wǔ-Yī	wǔyì	āyí	Éyǔ	yǔyī
五一	五亿	阿姨	俄语	雨衣
メーデーの略称	5億	おばさん	ロシア語	レインコート

STEP 2　子音

A 7

Xièxie！
谢谢！
ありがとう

Bú kèqi！
不客气！
どういたしまして

子音	b p m f	d t n l	g k h	j q x
	zh ch sh r	z c s		

3．子音

子音は21個で、6つのグループに分類され、いずれも音節の初めに来る。

A 8

	無気音	有気音		
唇　　音	b (o)	p (o)	m (o)	f (o)
舌 尖 音	d (e)	t (e)	n (e)	l (e)
舌 根 音	g (e)	k (e)	h (e)	
舌 面 音	j (i)	q (i)	x (i)	
そり舌音	zh (i)	ch (i)	sh (i)	r (i)
舌 歯 音	z (i)	c (i)	s (i)	

3つの"i"
p.27 参照。

（　）内は練習用の母音

STEP 2　子音

◆ 無気音と有気音 ◆

　無気音と有気音は対になっている。無気音は息をころすようにして発音し、有気音は息を強く吐き出すように発音する。

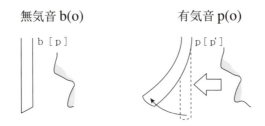

無気音 b(o)　　　　有気音 p(o)

1）子音　b p m f

唇音　b(o) p(o) m(o) f(o)

bは無気音、pは有気音。fは上の歯を軽く下唇にあてて、発音する。

単母音と組み合わせた音節

ba	pa	ma	fa	bā	bá	bǎ	bà
bo	po	mo	fo	pā	pá	pǎ	pà
		me		mī	mí	mǐ	mì
bi	pi	mi		fū	fú	fǔ	fù
bu	pu	mu	fu				

■ 発音と声調に慣れよう。

A 9　① bā　　bù　　pà　　mǐ　　fù　　mǔ　　bà　　mā
　　　　八　　不　　怕　　米　　父　　母　　爸　　妈
　　　　8　　いいえ　怖い　メートル　父　　母　　お父さん　お母さん

　　　　bā mǐ　　bú pà　　fùmǔ　　bàba　　māma
　　　　八 米　　不*怕　　父母　　爸爸　　妈妈　　＊ "不～" は否定を表す。
　　　　8メートル　怖くない　両親　　お父さん　お母さん

A 10　② ◇ Bā mǐ ma*?　　　Bù, wǔ mǐ*.　　＊ "ma 吗" は助詞で、疑問の語気を表す。
　　　　　八　米　吗？　　　不，五　米。　　＊ 第3声＋第3声は、最初の第3声が
　　　　　8メートルですか。　いいえ、5メートルです。　第2声に変調するが、声調表記は変えない。

　　　　◇ Pà ma?　　　　Bú* pà.　　　　＊ "bù 不" の変調
　　　　　怕　吗?　　　　不　怕。　　　　後に来る音節が第4声である場合、
　　　　　怖いの？　　　　怖くない。　　　"bù 不" は第2声 "bú" に変調する。

Dì yī kè

STEP 2

2）子音　d t n l

舌尖音　d(e) t(e) n(e) l(e)

舌の先を上の歯茎につけ、発音する。dは無気音、tは有気音。

単母音と組み合わせた音節

da	ta	na	la		dā	dá	dǎ	dà
de	te	ne	le		tā	tá	tǎ	tà
di	ti	ni	li		nī	ní	nǐ	nì
du	tu	nu	lu		lē	lé	lě	lè
		nü	lü					

■ 発音と声調に慣れよう。

A 11　①
dà	dǎ	tā	nǐ	nà	nǚ	là	lǜ
大	打	他	你	那	女	辣	绿
大きい	打つ	彼	あなた	あれ	女	辛い	緑

dìdi	tā dìdi	nǐ de	là de	nǚ'ér*
弟弟	他弟弟	你的	辣的	女儿
弟	彼の弟	あなたの	辛いもの	娘

＊隔音符号" ' "は音節間で母音が続く場合につける。

A 12　② ◇ Dà ma?　　　Bù, bú dà.
　　　　大 吗?　　　不, 不 大。
　　　　大きいですか。　いいえ、大きくありません。

　　◇ Là bu là?*　　Là.
　　　辣 不 辣?　　辣。
　　　辛いですか。　　辛いです。

＊肯定形＋否定形は疑問文になる。文末に"ma 吗"はつけない。

3）子音　g k h

舌根音　g(e) k(e) h(e)

gは無気音、kは有気音。hはハーっと息を吐く時の感じで発音する。

単母音と組み合わせた音節

ga	ka	ha		gē	gé	gě	gè
ge	ke	he		kē	ké	kě	kè
gu	ku	hu		hē	hé	hě	hè

STEP 2　子音

■ 発音と声調に慣れよう。

A 13
① gē　　gè　　kě　　kè　　kǎ　　kū　　hē　　hé
　　歌　　个　　渴　　课　　卡　　哭　　喝　　和
　　歌　　個　　渇く　授業　カード　泣く　飲む　と

　　gēge　　bā ge　　nàge　　　kěyǐ　　　nǐ hé tā
　　哥哥　　八 个　　那个　　　可以　　　你 和 她
　　兄　　　8個　　　あれ　　　よろしい　君と彼女

A 14
② ◇ Nǐ　hē　ma？　　Hē. Nǐ　ne？　　Bù　hē.
　　　你　喝　吗？　　喝。你　呢？　　不　喝。
　　　飲みますか。　　飲みます。君は？　飲みません。

　 ◇ Nǐ　kě　ma？　　Bù　kě. Nǐ　ne？　　Kě.
　　　你　渴　吗？　　不　渴。你　呢？　　渴。
　　　のどが渇いていますか。　渇いていません。あなたは？　渇いています。

　 ◇ Kěyǐ　ma？　　Bù　kěyǐ.
　　　可以　吗？　　不　可以。
　　　よろしいですか。　だめです。

4) 子音　j q x

舌面音　j(i) q(i) x(i)

j は無気音、q は有気音。x は日本語の「シ」の発音に近い。

表記　ü は j q x と組合わさる場合、u と表記する。

単母音と組み合わせた音節

ji	qi	xi
ju	qu	xu

　　　　　　jū　jú　jǔ　jù　　　qū　qú　qǔ　qù
　　　　　　xū　xú　xǔ　xù

■ 発音と声調に慣れよう。

A 15
① jǐ　　jì　　jú　　qī　　qí　　qù　　xǐ　　Xǔ
　　几　　寄　　菊　　七　　骑　　去　　洗　　许
　　いくつ　郵送する　菊　　7　　乗る　行く　洗う　許(姓)

　　jǐ ge　　jīqì　　qī ge　　qī bā ge　　qí mǎ
　　几 个　　机器　　七 个　　七 八 个　　骑 马
　　何個　　機械　　7個　　　7、8個　　　馬に乗る

Dì yī kè

STEP 2

② ◇ Jǐ ge?   Qī ge.
　　几 个？　　 七 个。
　　何個ですか。　 7個です。

◇ Nǐ qù ma?   Qù. Nǐ ne?   Bú qù.
　你 去 吗？　　去。你 呢？　　不 去。
　行きますか。　 行きます。あなたは？　 行きません。

◇ Nǐ xǐ bu xǐ?   Bù xǐ.
　你 洗 不 洗？　　不 洗。
　洗いますか。　　 洗いません。

5）子音　zh ch sh r

そり舌音　zh(i) ch(i) sh(i)　r(i)

zh は無気音、ch は有気音。 舌先を立て上の歯茎よりやや奥のあたりまでそらして、上あごに押し付け、その間から息を摩擦させて出す。

zh(i)　ch(i)

sh　r は舌先を立て上の歯ぐきよりやや奥のあたりに近づけ、その間から息を摩擦させて発音する

sh(i)　　　　　　　　r(i)

単母音と組み合わせた音節

zha	cha	sha		zhī	zhí	zhǐ	zhì
zhe	che	she	re	chī	chí	chǐ	chì
zhi	chi	shi	ri	shī	shí	shǐ	shì
zhu	chu	shu	ru	rī	rí	rǐ	rì

STEP 2　子音

■ 発音と声調に慣れよう。

A 17　①
zhǐ	zhè	chá	chī	chē	shí	shū	rè
纸	这	茶	吃	车	十	书	热
紙	これ	お茶	食べる	車	10	本	暑い

hē chá	lǜchá	zhège	qìchē	shūshu
喝 茶	绿茶	这个	汽车	叔叔
お茶を飲む	緑茶	これ	自動車	おじさん

A 18　②
◇ Nǐ hē chá ma?　　Hē chá.
　你 喝 茶 吗？　　喝 茶。
　お茶を飲みますか。　飲みます。

◇ Nǐ rè bu rè?　　Bú rè.
　你 热 不 热？　　不 热。
　暑いですか。　　暑くありません。

◇ Zhè shì chá ma?　　Shì de.
　这 是 茶 吗？　　是 的。
　これはお茶ですか。　はい、そうです。

6）子音　z c s

舌歯音　z(i)　c(i)　s(i)

zは無気音、cは有気音。舌先を上歯の裏側に押し付け、舌先と歯とのすき間から息を摩擦させて発音する。

単母音と組み合わせた音節

za	ca	sa		zī	zí	zǐ	zì
ze	ce	se		cī	cí	cǐ	cì
zi	ci	si		sī	sí	sǐ	sì
zu	cu	su					

■ 発音と声調に慣れよう。

A 19　①
zá	zì	zǔ	cì	cū	cù	sì	sè
杂	字	组	次	粗	醋	四	色
雑	字	組	〜回	太い	お酢	4	色

jǐ cì	sì cì	sìshí	zázhì	lǜsè
几次	四次	四十	杂志	绿色
何回	4回	40	雑誌	緑色

STEP 2

A 20

② ◇ Jǐ cì?
几 次？
何回ですか。

Shí cì.
十 次。
10回です。

◇ Nǐ qùle jǐ cì?
你 去了 几 次？
何回行きましたか。

Qùle sì cì.
去了 四 次。
4回行きました。

◇ Nà shì zázhì ma?
那 是 杂志 吗？
あれは雑誌ですか。

Bú shì.
不 是。
違います。

A 21

"shi" と "si" を発音してみよう

Sì bú shì shí, shí bú shì sì.　　Sì shì sì, shí shì shí.
四 不 是 十， 十 不 是 四。　　四 是 四， 十 是 十。
4は10ではありません。 10は4ではありません。　　4は4です。　　10は10です。

shísì shì shísì, sìshí shì sìshí.
十四 是 十四， 四十 是 四十。
14は14です。　　40は40です。

第2课 複合母音・鼻母音・儿化音

Dì èr kè

STEP 3　複合母音

> Wéi, něi wèi?
> 喂，哪位？
> もしもし、どちら様ですか。

> Shì wǒ, Àizǐ.
> 是我，爱子
> 愛子です。

複合母音	ai	ei	ao	ou	
	ia	ie	ua	uo	üe
	iao	iou-iu	uai	uei-ui	

1．複合母音

　母音が2つ以上組み合わさったものを複合母音という。複合母音は13個あり、3つのグループに分けられている。

＞型	ai	ei	ao	ou	
＜型	ia (ya)	ie (ye)	ua (wa)	uo (wo)	üe (yue)
◇型	iao (yao)	iou-iu (you)	uai (wai)	uei-ui (wei)	

表記　（　）内は母音だけで一音節になる時の表記。
　　　iouとueiの前に子音が来る場合は、iou→iu　uei→uiと表記し、声調符号を最後の母音につける。

2

STEP 3

1) ai ei ao ou ＞型は前の母音をはっきり発音する。

子音と組み合わせた音節

ai	bai	pai	mai		ei	bei	pei	mei	fei
	dai	tai	nai	lai		dei		nei	lei
	gai	kai	hai			gei		hei	
	zhai	chai	shai			zhei		shei	
	zai	cai	sai			zei			

ao	bao	pao	mao		ou		pou	mou	fou
	dao	tao	nao	lao		dou	tou	nou	lou
	gao	kao	hao			gou	kou	hou	
	zhao	chao	shao	rao		zhou	chou	shou	rou
	zao	cao	sao			zou	cou	sou	

■ 発音と声調に慣れよう。

A 24
① ài　　éi　　áo　　ǒu
　　爱　　欸　　熬　　藕
　　好きだ　おや(感嘆詞)　煎じる　レンコン

　　mǎi　lái　lèi　shéi　hǎo　hào　lóu　ròu
　　买　　来　　累　　谁　　好　　号　　楼　　肉
　　買う　来る　疲れる　誰　よい　〜日　ビル　肉

　　nǎinai　mèimei　kāfēi　àihào　hǎochī　zhūròu
　　奶奶　　妹妹　　咖啡　　爱好　　好吃　　猪肉
　　おばあさん　妹　　コーヒー　趣味　美味しい　豚肉

A 25
② ◇ Nǐ nǎinai lái ma?　　Tā lái.
　　你 奶奶 来 吗？　　她 来。
　　あなたのおばあさんは来ますか。　おばあさんは来ます。

　◇ Nǐ jǐ hào qù?　　Qī hào qù.
　　你 几 号 去？　　七 号 去。
　　何日に行きますか。　　7日に行きます。

　◇ Nǐ lèi bu lèi?　　Bú tài lèi.
　　你 累 不 累？　　不 太 累。
　　疲れていますか。　　あまり疲れていません。

STEP 3　複合母音

2）ia ie ua uo üe ＜型は後の母音をはっきり発音する。

子音と組み合わせた音節

ia (ya)	dia	lia		ua (wa)	gua	kua	hua		uo (wo)	duo	tuo	nuo	luo
	jia	qia	xia		zhua	chua	shua			guo	kuo	huo	
										zhuo	chuo	shuo	ruo
										zuo	cuo	suo	

ie (ye)	bie	pie	mie		üe (yue)		nüe	lüe
	die	tie	nie	lie		jue	que	xue
	jie	qie	xie					

■ 発音と声調に慣れよう。

A 26

① yá　　wā　　wǒ　　yě　　yuè
　牙　　挖　　我　　也　　月
　歯　　掘る　　私　　も　　～月

　jiā　　xià　　huā　　shuō　　duō　　xiě　　jiè　　xué
　家　　下　　花　　说　　多　　写　　借　　学
　家　　下　　花　　話す　　多い　　書く　　借りる　　学ぶ

　xià yǔ　　huāchá　　Měiguó　　yéye　　jiějie　　wǔyuè
　下 雨　　花茶　　美国　　爷爷　　姐姐　　五月
　雨が降る　ジャスミン茶　アメリカ　おじいさん　お姉さん　5月

A 27

② ◇ Xièxie！　　　　　　　　Bú xiè.
　　谢谢！　　　　　　　　不 谢。
　　ありがとうございます。　　どういたしまして。

　◇ Nǐ jiějie zài jiā ma？　　Wǒ jiějie bú zài jiā.
　　你 姐姐 在 家 吗？　　我 姐姐 不 在 家。
　　お姉さんは家にいますか。　　姉は家にいません。

　◇ Wǒ huáxuě. Nǐ ne？　　Wǒ yě huá.
　　我 滑雪。 你 呢？　　我 也 滑。
　　私はスキーをします。あなたは？　　私もスキーをします。

STEP 3

3）iao iou uai uei　◇型は真ん中の母音をはっきり発音する。

子音と組み合わせた音節

iao (yao)	biao piao miao diao tiao niao liao jiao qiao xiao	iou(-iu) (you)	miu diu　　　niu liu jiu qiu xiu
uai (wai)	guai kuai huai zhuai chuai shuai	uei(-ui) (wei)	dui tui gui kui hui zhui chui shui rui zui cui sui

■ 発音と声調に慣れよう。

A 28

① yào　yǒu　wài　wèi
　　要　　有　　外　　为
　　要る　ある　外　〜ために

　　xiǎo　piào　jiǔ　liù　kuài　shuài　huì　zuì
　　小　　票　　九　六　快　　帅　　　会　　最
　　小さい　チケット　9　6　速い　かっこいい　できる　もっとも

　　xuéxiào　chēpiào　zúqiú　méiyou　wàiguó　zuì hǎo
　　学校　　　车票　　　足球　　没有　　外国　　最　好
　　学校　　　乗車券　　サッカー　ありません　外国　一番よい

A 29

② ◇ Yǒu méiyou jiǎozi?　　Yǒu.
　　　有　没　有　饺子？　　有。
　　　ギョーザはありますか。　あります。

　◇ Yào bu yào píjiǔ?　　Bú yào.
　　　要　不　要　啤酒？　　不　要。
　　　ビールは要りますか。　要りません。

　◇ Nǐ huì bu huì?　　Wǒ huì.
　　　你　会　不　会？　　我　会。
　　　できますか。　　　　できます。

複合母音

STEP 4 鼻母音・儿化音

Zàijiàn !
再见！
さようなら

Míngtiān jiàn !
明天见！
また明日

鼻母音	an	ian	uan	üan
	ang	iang	uang	
	en	in	uen	ün
	eng	ing	ueng	
	ong	iong		
儿化音	-r			

2．鼻母音

-n 発声してから舌先を上歯茎につけて鼻から息を出す。
日本語の「あんない（案内）」の「ん」と同じ要領。

-ng 舌の付け根を持ち上げて、軟口蓋につけて鼻から息を出す。
日本語の「あんがい（案外）」の「ん」と同じ要領。

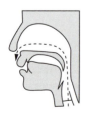
-n

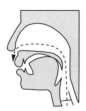
-ng

STEP 4

A 31

an	ang	en	eng	ong
-ian (yan)	-iang (yang)	-in (yin)	-ing (ying)	-iong (yong)
-uan (wan)	-uang (wang)	uen -un (wen)	-ueng (weng)	
-üan (yuan)		-ün (yun)		

表記　in　ing が単独で一音節になる場合は、in → **yin**　ing → **ying** と表記する。
　　　uen の前に子音が来る場合は、uen → **-un** と表記する。
　　　（ ）内は母音だけで一音節になる時の表記。

1) an - ang

子音と組み合わせた音節

an	ban	pan	man	fan	ang	bang	pang	mang	fang
	dan	tan	nan	lan		dang	tang	nang	lang
	gan	kan	han			gang	kang	hang	
	zhan	chan	shan	ran		zhang	chang	shang	rang
	zan	can	san			zang	cang	sang	

■ 発音と声調に慣れよう。

A 32 ①

sān	màn	nán	gàn	kàn	máng	chàng	shàng
三	慢	难	干	看	忙	唱	上
3	遅い	難しい	する	見る	忙しい	歌う	上

sānyuè	kàn shū	Hànyǔ	chàng gē	shàngbān	zǎoshang
三月	看书	汉语	唱歌	上班	早上
3月	本を読む	中国語	歌を歌う	出勤する	朝

A 33 ②　◇ Hànyǔ nán bu nán ?　　Bú tài nán.
　　　　汉语　难　不　难 ?　　　不　太　难。
　　　　中国語は難しいですか。　　あまり難しくありません。

　　　◇ Nǐ máng bu máng ?　　Wǒ bù máng.
　　　　你　忙　不　忙 ?　　　我　不　忙。
　　　　お忙しいですか。　　　忙しくありません。

STEP4　鼻母音・儿化音

◇ Zǎoshang hǎo!　　　　　Nǐ zǎo!
　早上　　　好!　　　　　你　早!
　おはようございます。　　おはようございます。

2) ian - iang　uan - uang　üan

子音と組み合わせた音節

ian (yan)	bian pian mian dian tian nian lian jian qian xian

iang (yang)	niang liang jiang qiang xiang

uan (wan)	duan tuan nuan luan guan kuan huan zhuan chuan shuan ruan zuan cuan suan

uang (wang)	guang kuang huang zhuang chuang shuang

üan (yuan)	juan quan xuan

■ 発音と声調に慣れよう。

A 34

① yān　yáng　wǎn　wàng　yuǎn
　 烟　　羊　　晚　　忘　　远
　タバコ　羊　　遅い　忘れる　遠い

　tiān　nián　diǎn　liǎng　chuān　huáng　xuǎn
　 天　　年　　点　　两　　　穿　　　黄　　　选
　空　　年　　〜時　　2　　着る・履く　黄色　選ぶ

　chōu yān　xiàtiān　wǎnshang　xǐhuan　diànshì　miànbāo
　　抽　烟　　夏天　　　晚上　　　喜欢　　电视　　面包
　タバコを吸う　夏　　　夜　　　好きだ　テレビ　パン

A 35

② ◇ Nǐ jǐ diǎn lái?　　　Liǎng diǎn.
　　你 几 点 来?　　　　两　点。
　　何時に来ますか。　　　2時。

　◇ Nǐ xǐhuan ma?　　　Wǒ bù xǐhuan.
　　你 喜欢 吗?　　　　我 不 喜欢。
　　好きですか。　　　　好きではありません。

　◇ Nǐ kàn diànshì ma?　Wǒ kàn.　Nǐ ne?　Wǒ yě kàn.
　　你 看 电视 吗?　　　我 看。　你 呢?　我 也 看。
　　テレビを見ますか。　　見ます。　あなたは?　私も見ます。

3）en - eng

子音と組み合わせた音節

en	ben	pen	men	fen		eng	beng	peng	meng	feng
	den		nen				deng	teng	neng	leng
	gen	ken	hen				geng	keng	heng	
	zhen	chen	shen	ren			zheng	cheng	sheng	reng
	zen	cen	sen				zeng	ceng	seng	

■ 発音と声調に慣れよう。

A 36

① běn　hěn　zhēn　rén　děng　néng　fēng　shēng
　　本　　很　　真　　人　　等　　能　　风　　生
　　冊　　とても　本当に　人　　待つ　できる　風　　生

　Rìběn　kèběn　hěn yuǎn　shénme　děng chē　guā fēng
　日本　　课本　　很远　　　什么　　　等车　　　刮风
　日本　　テキスト　とても遠い　なに　　車を待つ　風が吹く

A 37

② ◇ Nǐ chī shénme?　　　Wǒ chī miànbāo.
　　你 吃 什么?　　　　我 吃 面包。
　　何を食べますか。　　　パンを食べます。

　◇ Hǎochī ma?　　　Hěn hǎochī.
　　好吃 吗?　　　　很 好吃。
　　美味しいですか。　美味しいです。

　◇ Nǐ shì Rìběnrén ma?　　Duì. Wǒ shì Rìběnrén.
　　你 是 日本人 吗?　　　对。我 是 日本人。
　　あなたは日本人ですか。　はい。私は日本人です。

4）in - ing　uen(-un) - ueng　ün

子音と組み合わせた音節

in (yin)	bin	pin	min			ing (ying)	bing	ping	ming	
			nin	lin			ding	ting	ning	ling
	jin	qin	xin				jing	qing	xing	

鼻母音・儿化音

STEP4　鼻母音・儿化音

-un (wen)	dun	tun	lun	ün (yun)	jun	qun	xun
	gun	kun	hun				
	zhun	chun	shun	run			
	zun	cun	sun				

■ 発音と声調に慣れよう。

A 38

① yín　yíng　wèn　Wēng　yún
　 银　 赢　 问　 翁　 云
　 銀　 勝つ　尋ねる　翁(姓)　雲

　 nín　jìn　xìn　tīng　qǐng　kùn　chūn　qún
　 您　 进　 信　 听　 请　 困　 春　 裙
　 あなた　入る　手紙　聞く　どうぞ　眠い　春　スカート

　 yínháng　yīnyuè　Yīngyǔ　qǐng jìn　xīngqī　chūntiān
　 银行　 音乐　 英语　 请 进　 星期　 春天
　 銀行　 音楽　 英語　お入りください　曜日　春

A 39

② ◇ Nǐ gàn shénme?　Wǒ tīng yīnyuè.
　 你 干 什么?　我 听 音乐。
　 何をしますか。　音楽を聴きます。

　 ◇ Jīntiān xīngqī jǐ?　Xīngqīsān.
　 今天 星期 几?　星期三。
　 今日は何曜日ですか。　水曜日です。

　 ◇ Qǐng hē chá.　Xièxie.
　 请 喝 茶。　谢谢。
　 お茶をどうぞ。　ありがとう。

5） **ong　iong**

子音と組み合わせた音節

ong	dong	tong	nong	long	**iong** (yong)	jiong	qiong	xiong
	gong	kong	hong					
	zhong	chong		rong				
	zong	cong	song					

Dì èr kè

STEP 4

■ 発音と声調に慣れよう。

A 40 ① zhōng　kòng　dǒng　hóng　zhòng　yòng　qióng　xióng
中　　空　　懂　　红　　重　　用　　穷　　熊
中　　暇　　分かる　赤　　重い　用いる　貧しい　熊

Zhōngguó　kōngtiáo　dōngxi　dǎgōng　yǒuyòng　xióngmāo
中国　　　空调　　　东西　　打工　　　有用　　　熊猫
中国　　　エアコン　物　　　アルバイトをする　役に立つ　パンダ

A 41 ② ◇ Nǐ yǒu kòng ma?　　Méi kòng.
你 有 空 吗?　　　没 空。
暇がありますか。　　ありません。

◇ Zhòng bu zhòng?　Hěn zhòng.
重 不 重?　　　　　很 重。
重たいですか。　　　重たいです。

◇ Nǐ xīngqī jǐ dǎgōng?　　Xīngqīliù hé xīngqītiān.
你 星期 几 打工?　　　　星期六 和 星期天。
何曜日にアルバイトをしますか。　土曜日と日曜日。

3．儿化音「-r」

"儿"は接尾辞として用いる時に、独立した音節を持たず、前の音節と一緒になって発音される。音節の末尾の音を反り舌音に変化させ、「r」で表記される。この現象を「-r」化と呼ぶ。

■ 発音と声調に慣れよう。

A 42 ① zhèr　　nàr　　nǎr　　gēr　　huàr
这儿　　那儿　　哪儿　　歌儿　　画儿
ここ　　あそこ　どこ　　歌　　　絵

yíkuàir　yíhuìr　yìdiǎnr　wánr　kòngr
一块儿　一会儿　一点儿　玩儿　空儿
一緒に　しばらく　少し　遊ぶ　暇

A 43 ② ◇ Nǐ qù nǎr?　　Wǒ qù hǎibianr.
你 去 哪儿?　　我 去 海边儿。
どこに行きますか。　海辺に行きます。

◇ Ěrjī zài nǎr?　　Zài zhèr.
耳机 在 哪儿?　　在 这儿。
イヤホンはどこにありますか。　ここにあります。

鼻母音・儿化音

STEP4　鼻母音・儿化音

◇ Yíkuàir huà huàr ba.　　Hǎo, yíkuàir huà ba.
　一块儿 画 画儿 吧。　　好, 一块儿 画 吧。
　一緒に絵を描きましょう。　はい、一緒に描きましょう。

十二支を読んでみよう

shǔ
鼠
(子ね)

niú
牛
(丑うし)

hǔ
虎
(寅とら)

tù
兔
(卯う)

lóng
龙
(辰たつ)

shé
蛇
(巳み)

mǎ
马
(午うま)

yáng
羊
(未ひつじ)

hóu
猴
(申さる)

jī
鸡
(酉とり)

gǒu
狗
(戌いぬ)

zhū
猪
(亥い)

Nǐ shǔ shénme?　　　　　Wǒ shǔ hóu.
你 属 什么?　　　　　　我 属 猴。
(何年生まれですか。)　　(申年生まれです。)

復習 1

I 声調符号の付け方

母音の上に付ける

1. a o e ＞ i u ü の順に　　méi（没）　yǒu（有）
2. i は上の点をとってから　　yī（一）　qǐng（请）
3. iu、ui は後の母音に　　liù（六）　shuí（谁）

II 声調の組み合わせ

1. 軽声

第1・2・3・4声＋軽声

→ ・	māma 妈妈 お母さん	gēge 哥哥 お兄さん	shūshu 叔叔 おじさん	tāmen 他们 彼ら	xiūxi 休息 休む
↗ ・	yéye 爷爷 おじいさん	érzi 儿子 息子	shénme 什么 なに	míngzi 名字 名前	xuésheng 学生 学生
↘↗ ・	nǎinai 奶奶 おばあさん	jiějie 姐姐 お姉さん	wǒmen 我们 私たち	nǐmen 你们 あなたたち	xǐhuan 喜欢 好きだ
↘ ・	bàba 爸爸 お父さん	dìdi 弟弟 弟さん	mèimei 妹妹 妹さん	màozi 帽子 帽子	piàoliang 漂亮 きれいだ

2. 第3声

第3声＋第1・2・4声　第3声を低く抑えたまま発音し、半3声とも言う。

↘ →	měi tiān 每天 毎日	shǒujī 手机 携帯電話	hǎochī 好吃 美味しい	lǎojiā 老家 故郷	qǐng hē 请喝 飲んでください
↘ ↗	měi nián 每年 毎年	Měiguó 美国 アメリカ	wǔshí 五十 50	lǚyóu 旅游 旅行する	qǐng lái 请来 来てください
↘ ↘	hǎokàn 好看 きれいだ	zǎofàn 早饭 朝ご飯	wǎnfàn 晚饭 晩ご飯	shǔjià 暑假 夏休み	qǐng zuò 请坐 お掛けください

第3声＋第3声　最初の第3声が第2声に変調し、声調表記は第3声のままである。

↗ ↗	nǐ hǎo 你好 こんにちは	kěyǐ 可以 よろしい	xǐzǎo 洗澡 風呂に入る	suǒyǐ 所以 だから	jiǔshuǐ 酒水 飲み物

A47 3. 声調の組み合わせ表

	第1声	第2声	第3声	第4声	軽声
第1声	jīntiān 今天 今日	jīnnián 今年 今年	jīchǎng 机场 空港	gōngzuò 工作 働く	tāmen 她们 彼女たち
第2声	zuótiān 昨天 昨日	xuéxí 学习 勉強する	yóuyǒng 游泳 泳ぐ	hánjià 寒假 冬休み	péngyou 朋友 友達
第3声	lǎoshī 老师 先生	Fǎguó 法国 フランス	shuǐguǒ 水果 果物	wǔfàn 午饭 昼ごはん	zǎoshang 早上 朝
第4声	dàjiā 大家 みなさん	liànxí 练习 練習する	Hànyǔ 汉语 中国語	zàijiàn 再见 さようなら	xièxie 谢谢 ありがとう

A48 Ⅲ "不 bù" と "一 yī" の変調

1. "不 bù"

   1) "不 bù" は後に第1、2、3声が続くときに、変調しない。

   bù chī　　　　bù lái　　　　bù hǎo
   不 吃 (食べない)　不 来 (来ない)　不 好 (よくない)

   2) "不 bù" は後に第4声が続くときに、第2声 "bú" に変調する。

   bú qù　　　　bú là　　　　bú shì
   不 去 (行かない)　不 辣 (辛くない)　不 是 (そうではない)

   3) "不 bù" は「～不～」の場合は軽声 "bu" になる。

   lái bu lái　　　rè bu rè　　　tīng bu dǒng
   来 不 来 (来ないか)　热 不 热 (暑いか)　听 不 懂 (聞き取れない)

2. "一 yī"

   1) "一 yī" は後に第1、2、3声が続くときに、第4声 "yì" に変調する。

   yì zhāng piào　　　yì tái diànnǎo　　　yì bǎ sǎn
   一 张 票 (一枚の切符)　一 台 电脑 (一台のパソコン)　一 把 伞 (一本の傘)

   2) "一 yī" は後に第4声が続くときに、第2声 "yí" に変調する。

   yí jiàn yīfu　　　yígòng　　　yíwàn
   一 件 衣服 (一枚の服)　一 共 (合計で)　一 万 (1万)

3）"一 yī" は単音節動詞の重ね型表現で軽声になる。

  kàn yi kàn   xiǎng yi xiǎng
  看 一 看（ちょっと見る） 想一想（ちょっと考える）

IV 発音のバリエーション

1. 消える "o" と "e"

  iou   子音＋iu qiú   píjiǔ
             球（ボール） 啤酒（ビール）

  uei   子音＋ui guì   kāihuì
             贵（値段が高い） 开会（会議を開く）

  uen   子音＋un chūn   kùnnan
             春（春）   困难（困難）

2. 3つの "i"

  [i] ji qi xi 唇を左右に引いてはっきり出す「i」。
  [ɿ] zhi chi shi 唇を左右に引かないで、自然に出すあいまいな「i」。
  [ʅ] zi ci si 唇をやや平らにして出すあいまいな「i」。

3. いろいろな "e"

  [ɣ] e   hē   gēge
        喝（飲む） 哥哥（兄）

  [ər] er   èrshí érnǚ
        二十（20） 儿女（息子と娘）

  [ən] en   gēn   chūmén
        跟（と） 出门（出かける）

  [əŋ] eng lěng   péngyou
        冷（寒い） 朋友（友達）

  [ei] ei   gěi   méiyou
        给（与える） 没有（ない）

  [iɛ] ie   yě   jìjié   xié
        也（も） 季节（季節） 鞋（靴）

  [yɛ] üe yuè   juéde xué
        月（月） 觉得（感じる） 学（学ぶ）

A50 **V** 数字（0〜100）

líng	yī	èr	sān	sì	wǔ	liù	qī	bā	jiǔ	shí
零	一	二	三	四	五	六	七	八	九	十

shíyī	èrshí	sānshiliù	sìshiqī	jiǔshiwǔ	yìbǎi
十一	二十	三十六	四十七	九十五	一百

■ 年月日

yī jiǔ sì jiǔ nián shíyuè yī rì
１９４９年１０月１日

èr líng yī jiǔ nián wǔyuè yī rì
２０１９年５月１日

Nǐ de shēngrì jǐ yuè jǐ hào?*
你的生日几月几号？
お誕生日は何月何日ですか。

Sìyuè shíyī hào.
４月１１号。
4月11日です。

＊「〜日」は話し言葉で"〜号 hào"を用いる。

■ 電話番号

líng jiǔ líng-bā qī liù wǔ-sì sān èr yāo*
０９０-８７６５-４３２１

líng qī bā-sì sān yāo-sì sān sì yāo
０７８-４３１-４３４１

＊番号の"1"は"yāo"とも発音する。

VI 確認テスト

A51 1. 発音を聞いて、読まれた音節に○をつけなさい。

1) qi   ci   xi   ji   2) chi   ci   xu   qu

3) wo   wu   wen wa   4) min   ming men   man

5) yue ye   yuan yun   6) yan   yang yin   ying

7) fan huan fang fen   8) cong kong gong song

9) jia jie   que   jue   10) si   zhi   shi   zi

A52 2. 発音を聞いて、声調符号をつけなさい。

1) Zhongguo　　　2) Riben　　　3) Jianada

中国　　　　　　　日本　　　　　　加拿大

4) Yidali　　　　5) Meiguo　　　6) Yindu

意大利　　　　　　美国　　　　　　印度

A53 3. 2つの数字を聞いて、その和を書きなさい。
例:「5 + 2 wǔ jiā èr」を聞いて、「7」と書く。

1) _____ 2) _____ 3) _____ 4) _____ 5) _____

6) _____ 7) _____ 8) _____ 9) _____ 10) _____

A 54 挨拶言葉

1. Nǐ hǎo! 你好！ こんにちは。
2. Nín zǎo! 您早！ おはようございます。
3. Wǎnshang hǎo! 晚上好！ こんばんは。
4. Hǎojiǔ bú jiàn le. 好久不见了。 お久しぶりです。
5. Qǐng jìn! 请进！ どうぞお入りください。
6. Qǐng zuò! 请坐！ どうぞおかけください。
7. Qǐng hē chá! 请喝茶！ どうぞお茶を。
8. Xièxie! 谢谢！ ありがとうございます。
   Bú xiè. 不谢。 どういたしまして。
9. Nǐ hǎo ma? 你好吗？ お元気ですか。
   Wǒ hěn hǎo. 我很好。 元気です。
10. Zuìjìn máng ma? 最近忙吗？ 近頃お忙しいですか。
    Hái kěyǐ. 还可以。 まあまあです。
11. Duìbuqǐ. 对不起。 すみません。
    Méi guānxi. 没关系。 どういたしまして。
12. Máfan nín le. 麻烦您了。 お手数をおかけします。
    Bú kèqi. 不客气。 どういたしまして
13. Dǎjiǎo nín le. 打搅您了。 お邪魔いたしました。
    Nǎli, nǎli. 哪里，哪里。 とんでもない。
14. Ràng nǐ jiǔ děng le. 让你久等了。 お待たせしました。
    Méi shénme. 没什么。 どういたしまして。
15. Míngtiān jiàn! 明天见！ また明日。
    Zàijiàn! 再见！ さようなら。

A55 教室用語

1. Dàjiā hǎo! 　　　　　　大家好！ 　　　　　　皆さん、こんにちは。
   Lǎoshī hǎo! 　　　　　　老师好！ 　　　　　　先生、こんにちは。

2. Xiànzài kāishǐ shàngkè. 　现在开始上课。 　　　いまから授業を始めます。

3. Xiān diǎnmíng. 　　　　　先点名。 　　　　　　まず出席を取ります。
   Lín tóngxué. 　　　　　　林同学。 　　　　　　林さん。
   Dào. 　　　　　　　　　　到。 　　　　　　　　はい。

4. Jīntiān xuéxí dì yī kè. 　今天学习第1课。 　　　今日は第1課を学びます。

5. Qǐng kàn dì wǔ yè. 　　　请看第5页。 　　　　　第5ページを見てください。

6. Xiān fùxí, zài xué xīnkè. 先复习,再学新课。 　　まず復習してから新しい課を勉強します。

7. Qǐng gēn wǒ niàn! 　　　　请跟我念！ 　　　　　私の後について朗読してください。

8. Qǐng niàn kèwén! 　　　　　请念课文！ 　　　　　本文を朗読してください。

9. Qǐng zài shuō yí biàn! 　请再说一遍！ 　　　　もう一度言ってください。

10. Xiàmiàn zuò liànxí. 　　下面做练习。 　　　　次は練習をやります。
    Qǐng dàjiā liànxí huìhuà! 请大家练习会话！ 　皆さん、会話の練習をしてください。

11. Qǐng yòng Hànyǔ shuō. 　请用汉语说。 　　　　中国語で言ってください。

12. Nǐ tīngdǒng le ma? 　　　你听懂了吗？ 　　　　聞いて分かりましたか。
    Méi tīngdǒng. 　　　　　　没听懂。 　　　　　　分かりません。
    Tīngdǒng le. 　　　　　　听懂了。 　　　　　　分かりました。

13. Yǒu méiyou wèntí? 　　　　有没有问题？ 　　　　質問はありますか。
    Méiyou. 　　　　　　　　　没有。 　　　　　　　ありません。
    Wǒ yǒu yí ge wèntí. 　　我有一个问题。 　　　質問があります。

14. Jīntiān jiù xuédào zhèr. 今天就学到这儿。 　　今日の授業はここまでにします。

15. Xià xīngqī jiàn! 　　　　下星期见。 　　　　　また来週お会いしましょう。

3 第3课 Dì sān kè

您叫什么名字？

STEP 5

A：山本さん　　B：李君

A 56

A: Nín hǎo!
您 好！

B: Nín hǎo! Nín jiào shénme míngzi?
您 好！您 叫 什么 名字？

A: Wǒ jiào Shānběn Yǒuzǐ. Nín guìxìng?
我 叫 山本 友子。您 贵姓？

B: Wǒ xìng Lǐ, jiào Lǐ Míng.
我 姓 李，叫 李 明。

A: Wǒ shì Jīngnán dàxué de xuésheng.
我 是 京南 大学 的 学生。

B: Wǒ shì Zhōngguó liúxuéshēng.
我 是 中国 留学生。

A: Chūcì jiànmiàn, qǐng duō guānzhào.
初次 见面，请 多 关照。

B: Bú kèqi. Rènshi nín hěn gāoxìng.
不 客气。认识 您 很 高兴。

一言メモ

您叫什么名字？	お名前はなんとおっしゃいますか。
您贵姓？	お名前はなんとおっしゃいますか。（相手の名字を尋ねる場合）
初次见面，请多关照。	はじめまして、よろしくお願いします。
不客气。	恐れ入ります。
认识您很高兴。	お目にかかれて嬉しく思います。

語句　ピンインをつけ、日本語の意味を調べなさい。

① 您　　② 叫　　③ 什么　　④ 名字　　⑤ 我

⑥ 姓　　⑦ 是　　⑧ 请　　⑨ 认识　　⑩ 高兴

你好吗？

STEP 6

A：山本さん　　B：李君

A: Xiǎo Lǐ, hǎojiǔ bú jiàn le. Nǐ hǎo ma?
小李，好久不见了。你好吗？

B: Wǒ hěn hǎo. Nǐ zuìjìn zěnmeyàng? Máng ma?
我很好。你最近怎么样？忙吗？

A: Hái kěyǐ. Nǐ máng bu máng?
还可以。你忙不忙？

B: Wǒ bù máng. Nǐ qù nǎr?
我不忙。你去哪儿？

A: Wǒ qù túshūguǎn. Nǐ yě qù ma?
我去图书馆。你也去吗？

B: Bù. Wǒ bú qù túshūguǎn, qù jiàoshì.
不。我不去图书馆，去教室。

A: Nàme, míngtiān jiàn!
那么，明天见！

B: Míngtiān jiàn!
明天见！

一言メモ

小李。　　　　　　　李君、李さん。
好久不见了。　　　　お久しぶりです。
你好吗？　　　　　　お元気ですか。
还可以。　　　　　　まあまあです。
那么，明天见。　　　じゃあ、また明日。

語句　ピンインをつけ、日本語の意味を調べなさい。

① 你　　② 很　　③ 最近　　④ 怎么样　　⑤ 不

⑥ 去　　⑦ 哪儿　　⑧ 也　　⑨ 那么　　⑩ 见

A58 **1. 動詞"是"を用いる文** 主語 ＋ 是 ＋ 目的語　　否定形は"不是"。

① ● 你是学生吗？　　　　　　　　Nǐ shì xuésheng ma？
◇ 是的。我是学生。　　　　　　Shì de. Wǒ shì xuésheng.

② ● 你们也是留学生吗？　　　　　Nǐmen yě shì liúxuéshēng ma？
◇ 不，我们不是留学生。　　　　Bù, wǒmen bú shì liúxuéshēng.

③ ● 他是哪国人？　　　　　　　　Tā shì nǎ guó rén？
◇ 他是日本人。　　　　　　　　Tā shì Rìběnrén.

A59 **2. 動詞述語文** 主語 ＋ 動詞 ＋ 目的語　　"不"＋動詞は「～しない」。

① ● 你去图书馆吗？　　　　　　　Nǐ qù túshūguǎn ma？
◇ 对，我去图书馆。　　　　　　Duì, wǒ qù túshūguǎn.

② ● 小李，你姐姐也来吗？　　　　Xiǎo Lǐ, nǐ jiějie yě lái ma？
◇ 不，她不来。　　　　　　　　Bù, tā bù lái.

③ ● 我喝咖啡。你喝什么？　　　　Wǒ hē kāfēi. Nǐ hē shénme？
◇ 我喝红茶。　　　　　　　　　Wǒ hē hóngchá.

A60 **3. 形容詞述語文** 主語 ＋ 形容詞　　否定形は"不"＋形容詞。

副詞"很"は形容詞の肯定文に用い、強く発音しないかぎり「とても」という意味は持たない。

① ● 你忙吗？　　　　　　　　　　Nǐ máng ma？
◇ 我很忙。　　　　　　　　　　Wǒ hěn máng.

② ● 你家远吗？　　　　　　　　　Nǐ jiā yuǎn ma？
◇ 我家不远。　　　　　　　　　Wǒ jiā bù yuǎn.

③ ● 汉语难吗？　　　　　　　　　Hànyǔ nán ma？
◇ 汉语不太难。　　　　　　　　Hànyǔ bú tài nán.

補充語句［人称代詞］

	wǒ		nǐ	nín	tā	tā	tā
単数：	我		你	您	他	她	它
	私		あなた	("你"の敬称)	彼	彼女	それ、あれ
	wǒmen	zánmen	nǐmen		tāmen	tāmen	tāmen
複数：	我们	咱们	你们		他们	她们	它们
	私たち	私たち(聞き手を含める)	あなたたち		彼ら	彼女たち	それら、あれら

A61 **4. "吗"疑問文**　　"吗"は語気助詞で、文末につけて、疑問を表す。
疑問を示す疑問詞のある文の文末には"吗"をつけない。

① ● 你去银行吗？　　　　　　　Nǐ qù yínháng ma?
　◇ 不，我去邮局。　　　　　　Bù, wǒ qù yóujú.

② ● 他们都是老师吗？　　　　　Tāmen dōu shì lǎoshī ma?
　◇ 是，他们都是汉语老师。　　Shì, tāmen dōu shì Hànyǔ lǎoshī.

③ ● 老李，你去哪儿？　　　　　Lǎo Lǐ, nǐ qù nǎr?
　◇ 我去车站。你也去吗？　　　Wǒ qù chēzhàn. Nǐ yě qù ma?

A62 **5. 反復疑問文**　 肯定形 ＋ 否定形 　文末には"吗"をつけない。

① ● 您是不是陈先生？　　　　　Nín shì bu shì Chén xiānsheng?
　◇ 是的。　　　　　　　　　　Shì de.

② ● 田中小姐，您去不去？　　　Tiánzhōng xiǎojiě, nín qù bu qù?
　◇ 我不去。　　　　　　　　　Wǒ bú qù.

③ ● 这个怎么样？贵不贵？　　　Zhèige zěnmeyàng? Guì bu guì?
　◇ 不太贵。　　　　　　　　　Bú tài guì.

A63 **6. 構造助詞"的"**　修飾関係を表す。　 修飾語 ＋ 的 ＋ 名詞

① ● 他哥哥是我们学校的学生*。　Tā gēge shì wǒmen xuéxiào de xuésheng.

② ● 不忙的时候，我去图书馆。　Bù máng de shíhou, wǒ qù túshūguǎn.

③ ● 学习英语的人很多。　　　　Xuéxí Yīngyǔ de rén hěn duō.

④ ● 这是谁的（书）？　　　　　Zhè shì shéi de (shū)?

　　＊"的"の省略　　人称代詞 ＋ 親族呼称　　他哥哥
　　　　　　　　　人称代詞 ＋ 所属集団　　我们学校

補充語句 [指示代詞]

事物：	zhè　zhèi(ge) 这／这（个） これ、それ	nà　nèi(ge) 那／那（个） それ、あれ	nǎ　něi(ge) 哪／哪（个） どれ
場所：	zhèr　zhèli 这儿・这里 ここ、そこ	nàr　nàli 那儿・那里 そこ、あそこ	nǎr　nǎli 哪儿・哪里 どこ

ドリル A

I ☐ 内の語句を用いて、下線の部分を入れ替え、会話の練習をしなさい。

1. A：他是哪国人？　　B：他是 <u>日本</u> 人。

Zhōngguó	Hánguó	Cháoxiǎn	Měiguó	Yīngguó	Fǎguó
中国	韩国	朝鲜	美国	英国	法国
中国	韓国	朝鮮	アメリカ	イギリス	フランス

2. A：你去哪儿？　　B：我去 <u>图书馆</u>。

shūdiàn	biànlìdiàn	yīyuàn	chēzhàn	chāoshì	měishùguǎn
书店	便利店	医院	车站	超市	美术馆
本屋	コンビニ	病院	駅	マーケット	美術館

3. A：你 <u>去</u> 不 <u>去</u>？　　B：我不 <u>去</u>。你 <u>去</u> 吗？　　A：我 <u>去</u>。

lái	chī	hē	mǎi	xué	kàn
来	吃	喝	买	学	看
来る	食べる	飲む	買う	学ぶ	読む・見る

4. A：你 <u>忙</u> 不 <u>忙</u>？　　B：我很 <u>忙</u>。你 <u>忙</u> 吗？　　A：我不 <u>忙</u>。

lèi	kùn	rè	lěng	kāixīn	jǐnzhāng
累	困	热	冷	开心	紧张
疲れる	眠い	暑い	寒い	楽しい	緊張する

II 次の日本語を読み、口頭で中国語に訳しなさい。

1. A：私は山本です。お名前は？

   B：私の名字は李で、李明と申します。

2. A：はじめまして、よろしくお願いします。

   B：恐れ入ります。お目にかかれて嬉しく思います。

3. A：お久しぶりです。お元気ですか。

   B：元気です。最近、いかがですか。お忙しいですか。

   A：あまり忙しくありません。

ドリルA

4．A：あなたたちはどこに行きますか。

　　B：私たちは図書館に行きます。あなたも行きますか。

5．A：私は行きません。じゃあ、バイバイ。

　　B：バイバイ。

Ⅲ　中国語を聞き、問1〜問5に対する答えとして最も適当なものを①〜④の中から1つ選びなさい。

|A64| 問1．① ② ③ ④
|A65| 問2．① ② ③ ④
|A66| 問3．① ② ③ ④
|A67| 問4．① ② ③ ④
|A68| 問5．① ② ③ ④

|A69| Ⅳ　録音を聞いてから朗読しなさい。

　　我姓山本，叫山本友子。我是日本人。我是京南大学的学生。我学汉语，也学英语。李明是中国人。他是我们学校的留学生。认识他，我很高兴。

"小李"と"老李"

　親しい間柄で相手を姓だけで呼びかけるときは一般に一字の姓の前に"小xiǎo"か"老lǎo"をつけて呼びます。

　"小〜"は「〜君、〜ちゃん、〜さん」で、目下の人に対して親しみを表します。

　"老〜"は「〜さん」で、目上の人に対して敬意を表します。

ドリル B

I 次のピンインを漢字に書き直し、日本語の意味をつけなさい。

① shénme　　② nǎr　　③ shéi　　④ xuésheng　　⑤ lǎoshī

⑥ xuéxiào　　⑦ jiàoshì　　⑧ Hànyǔ　　⑨ Zhōngguó　　⑩ Rìběn

II 1．次の文を反復疑問文に書き換えなさい。

1）他是韩国人吗？　　　　　　　Tā shì Hánguórén ma?

2）你们累吗？　　　　　　　　　Nǐmen lèi ma?

3）英语难吗？　　　　　　　　　Yīngyǔ nán ma?

4）你去教室吗？　　　　　　　　Nǐ qù jiàoshì ma?

5）你吃饺子吗？　　　　　　　　Nǐ chī jiǎozi ma?

2．次の質問に否定形で答えなさい。

1）他是你们学校的学生吗？　　　Tā shì nǐmen xuéxiào de xuésheng ma?

2）你也是一年级的学生吗？　　　Nǐ yě shì yī niánjí de xuésheng ma?

3）昨天忙吗？　　　　　　　　　Zuótiān máng ma?

4）这个贵吗？　　　　　　　　　Zhèige guì ma?

5）你看电视吗？　　　　　　　　Nǐ kàn diànshì ma?

ドリル B

III 次の文を読み、漢字に書き直してから、日本語に訳しなさい。

1．Nǐ jiào shénme míngzi?

2．Tā shì nǎ guó rén? —— Tā shì Rìběnrén.

3．Hànyǔ nán bu nán? —— Hànyǔ bú tài nán.

4．Nǐ hē shénme? —— Wǒ hē hóngchá.

5．Tā gēge yě shì wǒmen xuéxiào de xuésheng.

IV 次の文を中国語に訳しなさい。

1．お名前はなんとおっしゃいますか。

2．私は大学の1年生です。

3．彼もアメリカ人の留学生ですか。

4．彼女は英語の教師ではなくて、中国語の教師です。

5．お忙しいですか。——あまり忙しくありません。

6．お久しぶりです。お元気ですか。

7．あなたも図書館に行きますか。——いいえ、私は行きません。

8．あなたは何を飲みますか。——私はコーヒーを飲みます。

4 第4课 你有兄弟姐妹吗？

Dì sì kè

STEP 7

A：山本さん　　B：李君

A 70

A：Nǐ yǒu xiōngdì jiěmèi ma?
你 有 兄弟 姐妹 吗？

B：Méiyou. Nǐ ne?
没有。 你 呢？

A：Wǒ yǒu yí ge gēge hé yí ge mèimei.
我 有 一 个 哥哥 和 一 个 妹妹。

B：Nǐ gēge yě shì xuésheng ma?
你 哥哥 也 是 学生 吗？

A：Bú shì. Tā yǐjīng dàxué bìyè le, zài màoyì gōngsī gōngzuò.
不 是。 他 已经 大学 毕业 了， 在 贸易 公司 工作。

B：Nǐ mèimei jīnnián duō dà?
你 妹妹 今年 多 大？

A：Wǒ mèimei jīnnián shíliù suì, shì gāozhōngshēng. Tā míngnián kǎo dàxué.
我 妹妹 今年 十六 岁， 是 高中生。 她 明年 考 大学。

B：Shì ma? Nà xuéxí yídìng hěn máng ba.
是 吗？ 那 学习 一定 很 忙 吧。

一言メモ

今年多大？　　　　　おいくつですか。
考大学。　　　　　　大学の入学試験を受けます。
是吗？　　　　　　　そうですか。
一定～吧。　　　　　きっと～でしょう。

語句　ピンインをつけ、日本語の意味を調べなさい。

① 兄弟姐妹　② 已经　③ 毕业　④ 公司　⑤ 在

⑥ 工作　⑦ 多大　⑧ 岁　⑨ 那(＝那么)　⑩ 一定

4

你学什么专业？

STEP 8

A：山本さん　　B：李君

A 71

A：Nǐ xué shénme zhuānyè?
你 学 什么 专业？

B：Wǒ de zhuānyè shì Rìběn wénxué. Nǐ de zhuānyè ne?
我 的 专业 是 日本 文学。你 的 专业 呢？

A：Jīngyíngxué. Wǒ duì Zhōngguó jīngjì hěn gǎn xìngqù.
经营学。我 对 中国 经济 很 感 兴趣。

B：Nǐ yě zài xué Hànyǔ ba?
你 也 在 学 汉语 吧？

A：Duì. Wǒ xīngqīyī hé xīngqīwǔ
对。我 星期一 和 星期五
yǒu Hànyǔ kè.
有 汉语 课。

B：Nǐ jīntiān yǒu jǐ jié kè?
你 今天 有 几 节 课？

A：Sān jié kè. Nǐ jīntiān yǒu méiyou kè?
三 节 课。你 今天 有 没有 课？

B：Wǒ shàngwǔ méi kè, xiàwǔ yǒu liǎng jié Yīngyǔ kè.
我 上午 没 课，下午 有 两 节 英语 课。

一言メモ

你学什么专业？　　　　なにを専攻していますか。
对～感兴趣。　　　　　～に（対して）興味があります。
～吧？　　　　　　　　～でしょう？（推測の語気を持つ疑問文）

語句　ピンインをつけ、日本語の意味を調べなさい。

① 学　　② 专业　　③ 经济　　④ 对　　⑤ 兴趣

⑥ 吧　　⑦ 汉语课　⑧ 有课　　⑨ 两　　⑩ ～节

Nǐ xué shénme zhuānyè? —— 41

1. 日時の語順　　主語＋日時＋述語　　日時＋主語＋述語

① ● 你星期几有汉语课？　　　　　Nǐ xīngqī jǐ yǒu Hànyǔ kè?
　◇ 星期二和星期四。　　　　　　Xīngqī'èr hé xīngqīsì.

② ● 明天你忙不忙？　　　　　　　Míngtiān nǐ máng bu máng?
　◇ 不忙。有什么事？　　　　　　Bù máng. Yǒu shénme shì?

③ ● 你什么时候在家？　　　　　　Nǐ shénme shíhou zài jiā?
　◇ 我晚上在家。　　　　　　　　Wǒ wǎnshang zài jiā.

2. 省略型疑問文　　〜呢？〜は？

① ● 我今天下午去。你呢？　　　　Wǒ jīntiān xiàwǔ qù. Nǐ ne?
　◇ 我后天上午去。　　　　　　　Wǒ hòutiān shàngwǔ qù.

② ● 我们都是学生。你呢？　　　　Wǒmen dōu shì xuésheng. Nǐ ne?
　◇ 我是公司职员。　　　　　　　Wǒ shì gōngsī zhíyuán.

③ ● 这个很好吃。那个呢？　　　　Zhèige hěn hǎochī. Nèige ne?
　◇ 那个也非常好吃。　　　　　　Nèige yě fēicháng hǎochī.

3. 助詞 "了"　　"了"は文末につけ、すでに発生したことなどを表す。
否定は "没(有)" ＋ 動詞で、"了" をつけない。

① ● 你昨天来学校了吗？　　　　　Nǐ zuótiān lái xuéxiào le ma?
　◇ 我昨天没有来学校。　　　　　Wǒ zuótiān méiyou lái xuéxiào.

② ● 你吃午饭了吗？　　　　　　　Nǐ chī wǔfàn le ma?
　◇ 还没呢。　　　　　　　　　　Hái méi ne.

③ ● 他姐姐已经大学毕业了吗？　　Tā jiějie yǐjing dàxué bìyè le ma?
　◇ 他姐姐还没毕业。　　　　　　Tā jiějie hái méi bìyè.

補充語句 [曜日]

xīngqīyī	xīngqī'èr	xīngqīsān	xīngqīsì	xīngqīwǔ	xīngqīliù	xīngqīrì (xīngqītiān)
星期一	星期二	星期三	星期四	星期五	星期六	星期日（星期天）
月曜日	火曜日	水曜日	木曜日	金曜日	土曜日	日曜日

shàng(ge) xīngqī	zhè(ge) xīngqī	xià(ge) xīngqī	xià xīngqīyī zǎoshang	xīngqī jǐ
上(个)星期	这(个)星期	下(个)星期	下 星期一 早上	星期几
先週	今週	来週	来週の月曜日の朝	何曜日

A75 **4．名詞述語文** 主語＋名詞述語（年月日・数量・年齢など）

① ● 今天星期几？　　　　　　　Jīntiān xīngqī jǐ?
　 ◇ 今天星期六。　　　　　　　Jīntiān xīngqīliù.

② ● 你们班多少人？　　　　　　Nǐmen bān duōshao rén?
　 ◇ 我们班二十个人。　　　　　Wǒmen bān èrshí ge rén.

③ ● 你今年多大？　　　　　　　Nǐ jīnnián duō dà?
　 ◇ 我今年十八岁。　　　　　　Wǒ jīnnián shíbā suì.

A76 **5．2つの"在"**　　在＋場所＋動詞　～で～する　前置詞として動作の場所を導く。
　　　　　　　　　　　　　在＋動詞　　　　　～している　副詞として動作の進行を表す。

① ● 她父亲在哪儿工作？　　　　Tā fùqin zài nǎr gōngzuò?
　 ◇ 她父亲在贸易公司工作。　　Tā fùqin zài màoyì gōngsī gōngzuò.

② ● 你在哪儿打工？　　　　　　Nǐ zài nǎr dǎgōng?
　 ◇ 我在咖啡馆打工。　　　　　Wǒ zài kāfēiguǎn dǎgōng.

③ ● 你在干什么？　　　　　　　Nǐ zài gàn shénme?
　 ◇ 我在看电视。　　　　　　　Wǒ zài kàn diànshì.

A77 **6．量詞**　　数詞＋量詞＋名詞　　　　这（那／哪）＋量詞＋名詞
　　　　　　　　　两　节　课（2コマの授業）　　　这　个　菜（この料理）

① ● 你家有几口人？　　　　　　Nǐ jiā yǒu jǐ kǒu rén?
　 ◇ 我家有七口人。　　　　　　Wǒ jiā yǒu qī kǒu rén.

② ● 你有没有哥哥？　　　　　　Nǐ yǒu méiyou gēge?
　 ◇ 没有。我有两个弟弟。　　　Méiyou. Wǒ yǒu liǎng ge dìdi.

③ ● 这本书怎么样？　　　　　　Zhèi běn shū zěnmeyàng?
　 ◇ 这本书很有意思。　　　　　Zhèi běn shū hěn yǒu yìsi.

補充語句 ［量詞］

běn (shū/zázhì)	ge (rén/cài)	jiàn (yīfu/shì)	liàng (chē/zìxíngchē)	zhāng (zhǐ/chuáng/yóupiào)
本（书／杂志）	个（人／菜）	件（衣服／事）	辆（车／自行车）	张（纸／床／邮票）
冊（本／雑誌）	個（人／料理）	枚・件（服／事柄）	台（車／自転車）	枚（紙／ベッド／切手）

bǎ (yǐzi/ sǎn/ yàoshi)	zhī (qiānbǐ/ yuánzhūbǐ)	zhī (niǎo/ māo)	tiáo (yú/ gǒu/ lù)	shuāng (xié/kuàizi)
把（椅子／伞／钥匙）	枝（铅笔／圆珠笔）	只（鸟／猫）	条（鱼／狗／路）	双（鞋／筷子）
脚・本（椅子／傘／鍵）	本（鉛筆／ボールペン）	羽・匹（鳥／猫）	匹・本（魚／犬／道）	足・膳（靴／箸）

ドリル A

I ☐ 内の語句を用いて、下線の部分を入れ替え、会話の練習をしなさい。

1. A：你什么时候去？　　　　B：我 明天 去。

qīyuè bā hào	wǎnshang	hòutiān shàngwǔ	xià xīngqīyī	xià ge yuè
七月 八 号	晚上	后天 上午	下 星期一	下 个 月
7月8日	夜	明後日の午前	来週の月曜日	来月

2. A：他（她）是 高中生 吧？　　　　B：不是。他（她）是 大学生 。

nǐ gēge　wǒ dìdi	nǐ mèimei wǒ jiějie	Yīngyǔ lǎoshī　Hànyǔ lǎoshī
你 哥哥・我 弟弟	你 妹妹・我 姐姐	英语 老师・汉语 老师
あなたのお兄さん・弟	あなたの妹さん・姉	英語の先生・中国語の先生

3. A：你对什么感兴趣？　　　　B：我对 经济 很感兴趣。

Zhōngguó wénhuà	shìjiè lìshǐ	Yàzhōu jīngjì	diànnǎo	fǎlǜ	chádào
中国 文化	世界 历史	亚洲 经济	电脑	法律	茶道
中国文化	世界史	アジア経済	パソコン	法律	茶道

4. A：你在干什么？　　　　B：我在 学汉语 。

kàn shū	zuò zuòyè	fùxí gōngkè	xiě xìn	tīng yīnyuè	shàngwǎng
看 书	做 作业	复习 功课	写 信	听 音乐	上网
本を読む	宿題をする	授業の復習をする	手紙を書く	音楽を聞く	インターネットをする

II 次の日本語を読んで、口頭で中国語に訳しなさい。

1. A：あなたには兄弟がいますか。

   B：います。兄が一人います。あなたは？

   A：私には兄はいませんが、妹が2人います。

2. A：おいくつですか。

   B：18歳です。あなたは？

   A：私は20歳です。

3. A：あなたの専攻は何ですか。

   B：私の専攻は経営学です。

ドリル A

4．A：何に興味を持っていますか。

　　B：私はアジア経済にとても興味を持っています。

5．A：何曜日に中国語の授業がありますか。

　　B：火曜日の午後と木曜日の午前に中国語の授業があります。

Ⅲ　中国語を聞き、問1～問5に対する答えとして最も適当なものを①～④の中から1つ選びなさい。

A78	問1．今天几号？	①	②	③	④
A79	問2．我家有几口人？	①	②	③	④
A80	問3．我星期几有汉语课？	①	②	③	④
A81	問4．我对什么感兴趣？	①	②	③	④
A82	問5．我哥哥工作了吗？	①	②	③	④

A83　Ⅳ　録音を聞いてから朗読しなさい。

　　　我在大学学汉语。星期一上午和星期五下午有汉语课。我的专业是经营学。我对中国经济很感兴趣。我有一个哥哥和一个妹妹。我哥哥已经大学毕业了，现在在一家贸易公司工作。我妹妹今年十六岁，是高中三年级的学生。

"几岁" と "多大（年纪 niánjì ／ 岁数 suìshu）"

年齢の尋ね方は相手によって言い方が変わります。

10歳以下の子供に	● 你几岁了？	おいくつですか。
	五岁。	5つです。
若者か同輩に	● 你今年多大了？	おいくつになりましたか。
	二十了。	20歳になりました。
年上の人に	● 您今年多大年纪了？	おいくつになられましたか。
	四十了。	40になりました。
年輩の人に	● 您今年多大岁数了？	おいくつになられましたか。
	快七十了。	もうすぐ70になります。

ドリルB

I 次のピンインを漢字に書き直し、日本語の意味をつけなさい。

① xīngqī jǐ ② zuótiān ③ jīntiān ④ wǎnshang ⑤ shénme shíhou

⑥ yǐjīng ⑦ gōngzuò ⑧ xìngqù ⑨ gōngsī ⑩ diànshì

II 1. （ ）に適当な量詞を入れ、日本語に訳しなさい。

1) 你有几（　）电影票？　　Nǐ yǒu jǐ（　）diànyǐng piào?

2) 他家有一（　）狗。　　Tā jiā yǒu yì（　）gǒu.

3) 我有三（　）伞。　　Wǒ yǒu sān（　）sǎn.

4) 这（　）词典是图书馆的。　　Zhèi（　）cídiǎn shì túshūguǎn de.

5) 我有一（　）自行车。　　Wǒ yǒu yí（　）zìxíngchē.

2．次の質問に否定形で答えなさい。

1) 你明天有汉语课吗？　　Nǐ míngtiān yǒu Hànyǔ kè ma?

2) 他对政治感兴趣吗？　　Tā duì zhèngzhì gǎn xìngqù ma?

3) 你昨天晚上看电视了吗？　　Nǐ zuótiān wǎnshang kàn diànshì le ma?

4) 今天你也迟到了吗？　　Jīntiān nǐ yě chídào le ma?

5) 他们已经来了吗？　　Tāmen yǐjīng lái le ma?

ドリル B

Ⅲ 次の文を読み、漢字に書き直してから、日本語に訳しなさい。

1. Wǒ xīngqīsān shàngwǔ hé xīngqīwǔ xiàwǔ yǒu Hànyǔ kè.

2. Wǒ jīntiān méiyou kè. Nǐ ne? —— Wǒ yǒu yì jié Yīngyǔ kè.

3. Wǒ zuótiān méi lái xuéxiào, qù péngyou jiā le.

4. Zhèige bù hǎochī. Nèige ne? —— Nèige hěn hǎochī.

5. Nǐ fùqin zài nǎr gōngzuò? —— Wǒ fùqin zài màoyì gōngsī gōngzuò.

Ⅳ 次の文を中国語に訳しなさい。

1. 今日授業がありません。

2. 私は中国人の友達が2人います。

3. 私は土曜日と日曜日に家にいます。

4. 今日は何月何日ですか。——6月15日です。

5. 私たちは行きます。あなたは？——私は行きません。

6. 兄は貿易会社で働いています。

7. アルバイトをしていますか。

8. もう食べましたか。——まだ食べていません。

5 第5课 Dì wǔ kè

你有什么爱好？

STEP 9

A：山本さん　　B：李君

A 84

A： Nǐ yǒu shénme àihào?
你 有 什么 爱好？

B： Wǒ àihào tīng yīnyuè、chàng gē.
我 爱好 听 音乐、唱 歌。

A： Wǒ yě xǐhuan chàng gē.
我 也 喜欢 唱 歌。

B： Nǐ huì bu huì chàng Zhōngwén gē?
你 会 不 会 唱 中文 歌？

A： Wǒ huì chàng. Zánmen yíkuàir qù chàng kǎlā OK, hǎo ma?
我 会 唱。 咱们 一块儿 去 唱 卡拉 OK， 好 吗？

B： Hǎo wa. Shénme shíhou qù ne?
好 哇。 什么 时候 去 呢？

A： Xīngqītiān xiàwǔ liǎng diǎn zěnmeyàng?
星期天 下午 两 点 怎么样？

B： Xíng, wǒ zài chēzhàn děng nǐ.
行， 我 在 车站 等 你。

一言メモ

我爱好～。	私の趣味は～。
去唱卡拉OK。	カラオケに行きます。
行。	いいですよ。
～呢？	疑問詞と併用して、疑問の語気を強める。

語句　ピンインをつけ、日本語の意味を調べなさい。

① 爱好　　② 听音乐　　③ 唱歌　　④ 喜欢　　⑤ 中文

⑥ 咱们　　⑦ 一块儿　　⑧ 两点　　⑨ 车站　　⑩ 等

咱们一起去看吧。

STEP 10

A：鈴木君　　B：山本さん

A 85

A: Nǐ jīntiān wǎnshang yǒu méiyou kòng?
你 今天 晚上 有 没有 空？

B: Duìbuqǐ, jīntiān wǎnshang wǒ yào qù dǎgōng.
对不起, 今天 晚上 我 要 去 打工。

A: Nàme nǐ shénme shíhou yǒu kòng?
那么 你 什么 时候 有 空？

B: Míngtiān. Yǒu shénme shìr ma?
明天。 有 什么 事儿 吗？

A: Wǒ yǒu liǎng zhāng diànyǐng piào. Zánmen yìqǐ qù kàn ba.
我 有 两 张 电影 票。 咱们 一起 去 看 吧。

B: Shénme diànyǐng? Shì Zhōngguó de, háishi Rìběn de?
什么 电影？ 是 中国 的, 还是 日本 的？

A: Shì Zhōngguó yǐngpiàn《Wǒ de fùqin mǔqin》.
是 中国 影片《我 的 父亲 母亲》。

B: Tài hǎo le. Zhènghǎo wǒ yě xiǎng kàn zhèige diànyǐng.
太 好 了。 正好 我 也 想 看 这个 电影。

一言メモ

有什么事儿吗？	なにか用事がありますか。
太 + 形容詞 + 了。	～すぎる／たいへん～
太好了。	やった。／よかった。
～吧。	～しましょう。

語句　ピンインをつけ、日本語の意味を調べなさい。

① 有空　　② 打工　　③ 有事儿　　④ ～张　　⑤ 电影

⑥ 票　　⑦ 一起　　⑧ 还是　　⑨ 正好　　⑩ 想

1. 助動詞 "会"   会 ＋ 動詞（訓練や学習により）〜することができる   否定は "不会"。

A86

① ● 你会开车吗？　　　　　　　Nǐ huì kāichē ma?
　 ◇ 我不会开车。　　　　　　　Wǒ bú huì kāichē.

② ● 你会说汉语吗？　　　　　　Nǐ huì shuō Hànyǔ ma?
　 ◇ 我会说一点儿汉语。　　　　Wǒ huì shuō yìdiǎnr Hànyǔ.

③ ● 他会不会踢足球？　　　　　Tā huì bu huì tī zúqiú?
　 ◇ 我也不知道。　　　　　　　Wǒ yě bù zhīdào.

2. 連動文   1つの主体が2つ以上の動作・行為をし、その動作の順に並べる構文。
　　　　　　否定詞は最初の動詞の前に置く。

A87

来／去（＋場所）＋動詞₂＋目的語　（〜へ）〜しに来る／行く

① ● 你什么时候来我家玩儿？　　Nǐ shénme shíhou lái wǒ jiā wánr?
　 ◇ 下星期天下午两点。　　　　Xià xīngqītiān xiàwǔ liǎng diǎn.

② ● 你去看电影吗？　　　　　　Nǐ qù kàn diànyǐng ma?
　 ◇ 我不去看电影。　　　　　　Wǒ bú qù kàn diànyǐng.

動詞₁＋目的語＋動詞₂＋目的語　〜して（〜で）〜する

③ ● 你怎么去？　　　　　　　　Nǐ zěnme qù?
　 ◇ 我坐电车去。　　　　　　　Wǒ zuò diànchē qù.

3. 相手の意向を尋ねる疑問文

A88

〜好吗？／好不好？　　〜しませんか
〜怎么样？　　　　　　〜のはどうですか

① ● 明天一块儿去看电影, 好吗？　　Míngtiān yíkuàir qù kàn diànyǐng, hǎo ma?
　 ◇ 好哇。几点去？　　　　　　　　Hǎo wa. Jǐ diǎn qù?

② ● 咱们一起去买东西, 好不好？　　Zánmen yìqǐ qù mǎi dōngxi, hǎo bu hǎo?
　 ◇ 今天不行。我有约会。　　　　　Jīntiān bùxíng. Wǒ yǒu yuēhuì.

③ ● 六点半在车站等, 怎么样？　　　Liù diǎn bàn zài chēzhàn děng, zěnmeyàng?
　 ◇ 行。晚上见！　　　　　　　　　Xíng. Wǎnshang jiàn!

補充語句 [時刻]

yì diǎn	liǎng diǎn líng wǔ fēn	sān diǎn yí kè (shíwǔ fēn)	sì diǎn bàn (sānshí fēn)
一点	两点零五分	三点一刻（十五分）	四点半（三十分）
1:00	2:05	3:15	4:30

wǔ diǎn sān kè (sìshíwǔ fēn)	chà wǔ fēn qī diǎn	shí diǎn zhōng	jǐ diǎn
五点三刻（四十五分）	差五分七点	十点钟	几点
5:45	6:55	10:00	何時

A89 **4. 助動詞 "想"**　想＋動詞　〜したい／〜したいと思う　否定は "不想"。

① ● 你想吃什么？　　　　　　　　Nǐ xiǎng chī shénme?
　◇ 我想吃面条。　　　　　　　　Wǒ xiǎng chī miàntiáo.

② ● 你想去哪儿旅游？　　　　　　Nǐ xiǎng qù nǎr lǚyóu?
　◇ 我想去上海旅游。　　　　　　Wǒ xiǎng qù Shànghǎi lǚyóu.

③ ● 你想不想干？　　　　　　　　Nǐ xiǎng bu xiǎng gàn?
　◇ 我不想干。　　　　　　　　　Wǒ bù xiǎng gàn.

A90 **5. 助動詞 "要"**　要＋動詞　〜しなければならない　否定は "不用"。
　　　　　　　　　　　　要＋動詞　〜したい　　　　　　　否定は "不想"。

① ● 晚上你有空儿吗？　　　　　　Wǎnshang nǐ yǒu kòngr ma?
　◇ 没空儿。晚上我要打工。　　　Méi kòngr. Wǎnshang wǒ yào dǎgōng.

② ● 要买票吗？　　　　　　　　　Yào mǎi piào ma?
　◇ 不用买票。　　　　　　　　　Búyòng mǎi piào.

③ ● 你要不要看录像？　　　　　　Nǐ yào bu yào kàn lùxiàng?
　◇ 我不想看。　　　　　　　　　Wǒ bù xiǎng kàn.

A91 **6. 選択疑問文**　（是）〜，还是…？　〜か、それとも…か

① ● 你（是）喝咖啡，还是喝红茶？　Nǐ (shì) hē kāfēi, háishi hē hóngchá?
　◇ 我喝红茶。　　　　　　　　　Wǒ hē hóngchá.

② ● 你喜欢这个，还是喜欢那个？　Nǐ xǐhuan zhèige, háishi xǐhuan nèige?
　◇ 我都喜欢。　　　　　　　　　Wǒ dōu xǐhuan.

③ ● 她是上海人，还是北京人？　　Tā shì Shànghǎirén, háishi Běijīngrén?
　◇ 她是北京人。　　　　　　　　Tā shì Běijīngrén.

補充語句 ［一日の行動］

qǐchuáng	chī zǎofàn (wǔfàn wǎnfàn)	shàngkè	xiàkè	shàngbān	xiàbān
起床	吃 早饭（午饭／晚饭）	上课	下课	上班	下班
起きる	朝ご飯（昼ご飯／晩ご飯）を食べる	授業を受ける	授業が終わる	出勤する	退勤する

dǎ diànhuà	fā duǎnxìn	kàn bào	zuò fàn	huíjiā	xǐzǎo	shuìjiào
打电话	发短信	看报	做饭	回家	洗澡	睡觉
電話をする	メールを送る	新聞を読む	食事を作る	家に帰る	風呂に入る	寝る

ドリル A

I 　　　内の語句を用いて、下線の部分を入れ替え、会話の練習をしなさい。

1．A：你有什么爱好？　　　B：我喜欢 听音乐 。

huà huàr	lā xiǎotíqín	tiàowǔ	diào yú	dǎ májiàng	tǐyù yùndòng
画 画儿	拉 小提琴	跳舞	钓 鱼	打 麻将	体育 运动
絵を描く	バイオリンを弾く	ダンスをする	魚釣りをする	マージャンをする	スポーツ

2．A：你会不会 唱中文歌 ？　B：我会 唱 。你呢？　A：我不会 唱 。

shuō Hànyǔ	kāichē	zuò Zhōngguócài	huáxuě	yóuyǒng	tán gāngqín
说 汉语	开车	做 中国菜	滑雪	游泳	弹 钢琴
中国語を話す	車の運転をする	中華料理を作る	スキーをする	泳ぐ	ピアノを弾く

3．A：咱们一块儿去 唱卡拉OK ，好吗？　　B：好哇。

chīfàn	lǚyóu	wánr	mǎi dōngxi	tīng yǎnchànghuì	kàn bǐsài
吃饭	旅游	玩儿	买 东西	听 演唱会	看 比赛
食事する	旅行する	遊ぶ	買物をする	コンサートに行く	試合を見る

4．A：你要喝 咖啡 吗？　　B：我不想喝 咖啡 。我要喝 红茶 。

niúnǎi	kělè	wūlóngchá	kuàngquánshuǐ	píjiǔ	pútaojiǔ
牛奶	可乐	乌龙茶	矿泉水	啤酒	葡萄酒
牛乳	コーラ	ウーロン茶	ミネラルウォーター	ビール	ワイン

II 次の日本語を読んで、口頭で中国語に訳しなさい。

1．A：私は歌を歌うことが好きです。ご趣味は何ですか。

　　B：私の趣味は音楽を聴くことです。

2．A：一緒にカラオケに行きましょう。

　　B：はい。君は中国語の歌が歌えますか。

　　A：歌えます。

3．A：映画のチケットを2枚持っています。一緒に見に行きませんか。

　　B：行きます。どんな映画ですか。

　　A：中国映画の「我的兄弟姐妹」です。

ドリルA

4．A：今週の土曜日に一緒に食事に行くのはどうですか。

B：すみません。今週の土曜日はだめです。バイトがあります。

5．A：いつ空いていますか。

B：日曜日は空いています。

Ⅲ 中国語を聞き、問1～問5に対する答えとして最も適当なものを①～④の中から1つ選びなさい。

A92　問1．我有什么爱好？　　　　　　①　　②　　③　　④

A93　問2．我们什么时候去唱卡拉OK？　①　　②　　③　　④

A94　問3．星期天我们要干什么？　　　①　　②　　③　　④

A95　問4．今天星期几？　　　　　　　①　　②　　③　　④

A96　問5．我几点去吃午饭？　　　　　①　　②　　③　　④

A97　Ⅳ 録音を聞いてから朗読しなさい。

我爱好唱歌。我会唱中文歌。明天星期六，没有课。我想和朋友一块儿去唱卡拉OK。我还喜欢看电影。朋友有两张电影票。正好下星期三晚上有空。我们一块儿去看中国电影。

書き順に注意

（　）内の漢字は日本漢字

马（馬）马 马 马　　　车（車）车 车 车 车
书（書）书 书 书 书　　东（東）东 东 东 东 东
长（長）长 长 长 长　　乐（樂）乐 乐 乐 乐 乐
见（見）见 见 见 见　　买（買）买 买 买 买 买 买
比（比）比 比 比 比　　饭（飯）饭 饭 饭 饭 饭 饭 饭
专（專）专 专 专 专　　练（練）练 练 练 练 练 练 练 练

ドリル B

I 次のピンインを漢字に書き直し、日本語の意味をつけなさい。

① jǐ diǎn　②àihào　③ xǐhuan　④ tīng yīnyuè　⑤ chàng gē

⑥ dǎgōng　⑦ hē kāfēi　⑧ kāichē　⑨ tī zúqiú　⑩ kàn diànyǐng

II 1. (　) に適当な時刻を入れ、日本語に訳しなさい。

1) 我每天早上 (　) 起床。　　Wǒ měi tiān zǎoshang (　) qǐchuáng.

2) 我 (　) 吃午饭。　　Wǒ (　) chī wǔfàn.

3) 我今天 (　) 回家。　　Wǒ jīntiān (　) huíjiā.

4) 我每天晚上 (　) 睡觉。　　Wǒ měi tiān wǎnshang (　) shuìjiào.

5) 我下午 (　) 去朋友家玩儿。　　Wǒ xiàwǔ (　) qù péngyou jiā wánr.

2．次の質問に否定形で答えなさい。

1) 你们会唱英文歌吗？　　Nǐmen huì chàng Yīngwén gē ma?

2) 你想去大阪城玩儿吗？　　Nǐ xiǎng qù Dàbǎn Chéng wánr ma?

3) 你要看电影吗？　　Nǐ yào kàn diànyǐng ma?

4) 要去帮忙吗？　　Yào qù bāngmáng ma?

5) 他们坐电车来吗？　　Tāmen zuò diànchē lái ma?

ドリル B

Ⅲ 次の文を読み、漢字に書き直してから、日本語に訳しなさい。

1．Wǒ huì shuō yìdiǎnr Hànyǔ. Nǐ huì bu huì shuō Hànyǔ?
   _____

2．Wǒmen shénme shíhou qù tā jiā wánr?
   _____

3．Míngtiān xiàwǔ liǎng diǎn yíkuàir qù, hǎo ma?
   _____

4．Wǒ xiǎng chī miàntiáo. Nǐ yào chī shénme?
   _____

5．Nǐ hē kāfēi háishi hóngchá? —— Wǒ hē kāfēi.
   _____

Ⅳ 次の文を中国語に訳しなさい。

1．彼は中国語が話せます。

2．私は行きたいです。あなたは？——私は行きたくありません。

3．私は日曜日にアルバイトをしなければなりません。

4．私たちは自転車で行きます。

5．明日午前10時に来ますか、それとも午後3時に来ますか。

6．私の趣味も読書です。

7．一緒に映画を見に行きませんか。

8．今晩一緒にカラオケに行くのはどうですか。

6 第6课 Dì liù kè 你家离学校远不远？

STEP 11

A：李君　　B：山本さん

A:
Nǐ jiā lí xuéxiào yuǎn bu yuǎn?
你 家 离 学校 远 不 远？

B:
Hěn yuǎn.
很 远。

A:
Cóng nǐ jiā dào xuéxiào yào duō cháng shíjiān?
从 你 家 到 学校 要 多 长 时间？

B:
Yào yí ge bàn zhōngtóu zuǒyòu.
要 一 个 半 钟头 左右。

A:
Lùshang yào huànchē ma?
路上 要 换车 吗？

B:
Yào huàn yí cì chē. Wǒ xiān zuò dìtiě, ránhòu zài huàn diànchē.
要 换 一 次 车。我 先 坐 地铁，然后 再 换 电车。

A:
Wǒ zhùzài xuéxiào fùjìn, měi tiān qí zìxíngchē qù shàngxué.
我 住在 学校 附近，每天 骑 自行车 去 上学。

B:
Zhēn xiànmù nǐ a!
真 羡慕 你 啊！

一言メモ

先～，然后再…　　　まず～して、それから…
住在～　　　　　　～に住んでいます。
真～啊！　　　　　ほんとうに～ですね。

語句　ピンインをつけ、日本語の意味を調べなさい。

① 钟头　　② 左右　　③ 换车　　④ 一次　　⑤ 地铁
⑥ 然后　　⑦ 住在　　⑧ 附近　　⑨ 骑自行车　⑩ 羡慕

6

快要放暑假了。

STEP 12

Ａ：鈴木君　　Ｂ：山本さん

A：Kuàiyào fàng shǔjià le.
快要 放 暑假 了。

B：Shì a, nǐ yǒu shénme dǎsuan ma?
是 啊，你 有 什么 打算 吗？

A：Wǒ zhǔnbèi qù Xī'ān liúxué. Nǐ qùguo Zhōngguó méiyou?
我 准备 去 西安 留学。你 去过 中国 没有？

B：Méi qùguo. Shǔjià wǒ dǎsuan qù Běijīng lǚyóu.
没 去过。暑假 我 打算 去 北京 旅游。

A：Lǐ Míng hǎoxiàng shì Běijīngrén. Nǐ gēn tā yǒu liánxì ma?
李明 好像 是 北京人。你 跟 他 有 联系 吗？

B：Yǒu. Tā jīngcháng gěi wǒ fā duǎnxìn.
有。他 经常 给 我 发 短信。

A：Tā shǔjià huí Běijīng ma?
他 暑假 回 北京 吗？

B：Tā shuō huíqu.
他 说 回去。

一言メモ

有什么打算吗？　　　　　なにか予定を立てましたか。
准备（打算）〜　　　　　〜する予定です。／〜するつもりです。
動詞過去文 ＋ 没有？　　　〜したことがありますか。／〜しましたか。

語句　　ピンインをつけ、日本語の意味を調べなさい。

① 放暑假　　② 打算　　③ 准备　　④ 旅游　　⑤ 好像

⑥ 跟　　　　⑦ 联系　　⑧ 经常　　⑨ 发短信　⑩ 回去

POINT 6

B1 **1. 前置詞 "离"**　　"离"はAからBまでの空間と時間の距離を示す。

> A 离 B～　　AはBから～／Bまで～

① ● 你家离车站远吗？　　　　　　　Nǐ jiā lí chēzhàn yuǎn ma？
　◇ 不太远。　　　　　　　　　　　Bú tài yuǎn.

② ● 医院离这儿有多远？　　　　　　Yīyuàn lí zhèr yǒu duō yuǎn？
　◇ 一百米左右吧。　　　　　　　　Yì bǎi mǐ zuǒyòu ba.

③ ● 离考试还有几天？　　　　　　　Lí kǎoshì hái yǒu jǐ tiān？
　◇ 离考试还有一个星期。　　　　　Lí kǎoshì hái yǒu yí ge xīngqī.

B2 **2. 前置詞 "从" "到"**　　"从"は空間と時間の起点、"到"はその到着点を示す。

> 从 A 到 B～　　AからBまで～

① ● 从你家到这儿要多长时间？　　　Cóng nǐ jiā dào zhèr yào duō cháng shíjiān？
　◇ 要半个小时。　　　　　　　　　Yào bàn ge xiǎoshí.

② ● 你们从几号开始放假？　　　　　Nǐmen cóng jǐ hào kāishǐ fàngjià？
　◇ 从二十五号开始。　　　　　　　Cóng èrshiwǔ hào kāishǐ.

③ ● 你每天都有课吗？　　　　　　　Nǐ měi tiān dōu yǒu kè ma？
　◇ 对。从周一到周五都有课。　　　Duì. Cóng zhōuyī dào zhōuwǔ dōu yǒu kè.

B3 **3. "快要～了"**　　快要（快／要／就要）＋動詞＋目的語＋了　まもなく～する

① ● 你快要放假了吧？　　　　　　　Nǐ kuàiyào fàngjià le ba？
　◇ 对。暑假我去西安留学。　　　　Duì. Shǔjià wǒ qù Xī'ān liúxué.

② ● 现在几点？　　　　　　　　　　Xiànzài jǐ diǎn？
　◇ 快到十点了。　　　　　　　　　Kuài dào shí diǎn le.

③ ● 你在复习功课吗？　　　　　　　Nǐ zài fùxí gōngkè ma？
　◇ 是的。明天就要考试了。　　　　Shì de. Míngtiān jiù yào kǎoshì le.

補充語句 ［時間］

liǎng fēn zhōng	yí ge zhōngtóu (xiǎoshí)	bàn ge zhōngtóu	liǎng ge bàn zhōngtóu
两分钟	一个钟头（小时）	半个钟头	两个半钟头
2分間	1時間	30分間	2時間半

yí ge xīngqī	yì zhōu	yí ge yuè	liǎng ge yuè	yì tiān	liǎng tiān	yì nián	liǎng nián
一个星期	一周	一个月	两个月	一天	两天	一年	两年
1週間	1週間	1ヶ月	2ヶ月	1日間	2日間	1年	2年

B4 4. 助詞 "过" 動詞 + 过 ～したことがある　　否定は "没（有）" + 動詞 + "过"。

① ● 你去过中国吗？　　　　　　　　Nǐ qùguo Zhōngguó ma?
　◇ 我没去过。　　　　　　　　　　Wǒ méi qùguo.

② ● 你吃过北京烤鸭吗？　　　　　　Nǐ chīguo Běijīng kǎoyā ma?
　◇ 我吃过。味道很好。　　　　　　Wǒ chīguo. Wèidao hěn hǎo.

③ ● 这个电影你看过没有？　　　　　Zhèige diànyǐng nǐ kànguo méiyou?
　◇ 我看过。　　　　　　　　　　　Wǒ kànguo.

B5 5. 前置詞 "给" 给～　～に　相手を示す。

① ● 他每天都给你发短信吗？　　　　Tā měi tiān dōu gěi nǐ fā duǎnxìn ma?
　◇ 是的。我也经常给他发短信。　　Shì de. Wǒ yě jīngcháng gěi tā fā duǎnxìn.

② ● 你给她打电话了没有？　　　　　Nǐ gěi tā dǎ diànhuà le méiyou?
　◇ 我还没给她打电话。　　　　　　Wǒ hái méi gěi tā dǎ diànhuà.

③ ● 你在干什么？　　　　　　　　　Nǐ zài gàn shénme?
　◇ 我在给中国朋友写信。　　　　　Wǒ zài gěi Zhōngguó péngyou xiě xìn.

B6 6. 数量補語　動作の回数・時間を示すフレーズで、動詞の後につける。
　　　　　　　動作がすでに発生した場合は動詞の後に助詞の "过" か "了" を入れる。

動詞 + 数量補語（回数・時間）+ 目的語　　動詞 + 目的語（人称代詞）+ 数量補語

① ● 你也在学汉语吗？　　　　　　　Nǐ yě zài xué Hànyǔ ma?
　◇ 对。我每天学一个小时汉语。　　Duì. Wǒ měi tiān xué yí ge xiǎoshí Hànyǔ.

② ● 你去过香港吗？　　　　　　　　Nǐ qùguo Xiānggǎng ma?
　◇ 去过。我去年去了两趟。　　　　Qùguo. Wǒ qùnián qùle liǎng tàng.

③ ● 你见过他吗？　　　　　　　　　Nǐ jiànguo tā ma?
　◇ 我在东京见过他一次。　　　　　Wǒ zài Dōngjīng jiànguo tā yí cì.

補充語句 [回数（～回／～度）]

cì　huí	tàng	biàn	dùn
次・回	趟	遍	顿
回／度	一往復	初めから終わりまで一通り	食事や叱責の回数
qùguo liǎng huí	qùle yí tàng	kànguo liǎng biàn	shuōle tā yí dùn
去过 两 回	去了 一 趟	看过 两 遍	说了 他 一 顿
2回行ったことがある	行ってきた	2回読んだことがある	彼をこっぴどく叱った

ドリル A

I ☐ 内の語句を用いて、下線の部分を入れ替え、会話の練習をしなさい。

1. A：从你家到学校要多长时间？　　　　B：要 <u>一个半钟头</u> 左右。

shí fēn zhōng	sān kè zhōng	bàn ge zhōngtóu	yí ge xiǎoshí	liǎng ge xiǎoshí
十分钟	三刻钟	半个钟头	一个小时	两个小时
10分間	45分間	30分間	1時間	2時間

2. A：你准备 <u>骑自行车</u> 去吗？　　　　B：不，我打算 <u>坐电车</u> 去。

zuò qìchē	zuò dìtiě	zuò chūzūchē	kāichē	qí mótuōchē	zuò fēijī
坐汽车	坐地铁	坐出租车	开车	骑摩托车	坐飞机
バスに乗る	地下鉄に乗る	タクシーに乗る	車を運転する	バイクに乗る	飛行機に乗る

3. A：快要 <u>上课</u> 了。　　　　B：那咱们走吧。

xià yǔ	dào shí diǎn	dào liǎng diǎn bàn	dào shíjiān	kāishǐ	guānmén
下雨	到十点	到两点半	到时间	开始	关门
雨が降る	10時になる	2時半になる	時間になる	始まる	閉店する

4. A：你 <u>去</u> 过 <u>中国</u> 吗？　　B：<u>去</u> 过。你呢？　　A：我没 <u>去</u> 过。

xué Fǎyǔ	kàn Hánguó diànyǐng	shàng Lǐ lǎoshī de kè	dǎ tàijíquán
学法语	看韩国电影	上李老师的课	打太极拳
フランス語を学ぶ	韓国の映画を見る	李先生の授業を受ける	太極拳をする

II 次の日本語を読んで、口頭で中国語に訳しなさい。

1. A：お宅は大学から遠いですか。

   B：そんなに遠くありません。あなたはどこに住んでいますか。

   A：大阪に住んでいます。

2. A：毎日どのようにして学校に通っていますか。

   B：まず自転車で駅まで行って、それから電車に乗ります。

3. A：映画は何時から何時までですか。

   B：夜7時20分から9時30分までです。

ドリルA

4．A：もうすぐ夏休みになります。何か予定を立てましたか。

　　B：北京へ旅行に行く予定です。

5．A：西安に行ったことがありますか。

　　B：まだ行ったことがありませんが、今年の秋に行く予定です。

Ⅲ　中国語を聞き、問1～問5に対する答えとして最も適当なものを①～④の中から1つ選びなさい。

B 7　　問1．①　　　　②　　　　③　　　　④

B 8　　問2．①　　　　②　　　　③　　　　④

B 9　　問3．①　　　　②　　　　③　　　　④

B 10　 問4．①　　　　②　　　　③　　　　④

B 11　 問5．①　　　　②　　　　③　　　　④

B 12　Ⅳ　録音を聞いてから朗読しなさい。

　　我家离学校很远。我每天坐车去学校，先坐地铁，然后再换电车。从我家到学校要一个半钟头左右。快要放暑假了。我朋友准备去中国西安留学。我去过一趟上海，但还没去过西安。今年暑假我打算去北京和西安旅游。

＊但 dàn：しかし

"几 jǐ" と "多少 duōshao"

"几"も"多少"も数量（いくつ、どれくらい）を尋ねる疑問詞です。

"几"は10以下の数を予測して尋ねたり、時刻・日付などを尋ねたりする場合に用いられます。「"几"＋量詞＋モノ」のように量詞が要ります。

"多少"は数の多いことを想定して尋ねます。「"多少"＋モノ」のように量詞が省略できます。時刻・日付に使えません。

- 几个人　　何人　　　　　几本书　何冊の本　　　　几个小时　何時間
- 多少人　　どれぐらいの人　多少书　どれぐらいの本　多少时间　どれぐらいの時間
- 几月几号　何月何日　　　星期几　何曜日　　　　　几点　　　何時

ドリル B

I 次のピンインを漢字に書き直し、日本語の意味をつけなさい。

① zuò dìtiě　　② qí zìxíngchē　　③ fàngjià　　④ kǎoshì　　⑤ liúxué

_____　_____　_____　_____　_____

_____　_____　_____　_____　_____

⑥ dǎ diànhuà　　⑦ fā duǎnxìn　　⑧ xiě xìn　　⑨ lǚyóu　　⑩ duō cháng shíjiān

_____　_____　_____　_____　_____

_____　_____　_____　_____　_____

II 1．与えられた日本語の意味になるように①～④の語句を並べ替えなさい。

1) 映画がもうすぐ始まります。　　①开始　②快要　③电影　④了
　_____ _____ _____ _____。

2) 北京ダックを一回食べたことがあります。　①一次　②过　③吃　④北京烤鸭
我_____ _____ _____ _____。

3) 彼らは八月に北京に旅行する予定です。　①北京　②去　③旅游　④八月
他们准备_____ _____ _____ _____。

4) 毎日母にメールを送ります。　　①妈妈　②每天都　③给　④发短信
我_____ _____ _____ _____。

5) 私は電車で行きたいです。　　①去　②想　③电车　④坐
我_____ _____ _____ _____。

2．次の質問に否定形で答えなさい。

1) 你去过迪斯尼乐园吗？　　Nǐ qùguo Dísīní Lèyuán ma？

2) 他前天给你打过电话吗？　　Tā qiántiān gěi nǐ dǎguo diànhuà ma？

3) 要换车吗？　　Yào huànchē ma？

4) 你们公司离这儿远吗？　　Nǐmen gōngsī lí zhèr yuǎn ma？

5) 黄金周你去西安旅行了吗？　　Huángjīnzhōu nǐ qù Xī'ān lǚxíng le ma？

ドリル B

Ⅲ 次の文を読み、漢字に書き直してから、日本語に訳しなさい。

1. Lí fàng shǔjià hái yǒu liǎng ge xīngqī.

2. Wǒ cóng xīngqīyī dào xīngqīwǔ dōu yǒu kè.

3. Nǐ zài gàn shénme? —— Wǒ zài gěi péngyou xiě xìn.

4. Wǒ méi qùguo Zhōngguó. Nǐ ne? —— Wǒ qùguo liǎng tàng.

5. Wǒ zài Dōngjīng jiànguo tā yí cì.

Ⅳ 次の文を中国語に訳しなさい。

1. 大学は駅からあまり遠くありません。

2. 私の家から会社まで1時間ほどかかります。

3. 今何時ですか。——もうすぐ5時です。

4. もうすぐ試験です。

5. 中国に行ったことがありますか。——あります。

6. 私は毎日1時間中国語を勉強しています。

7. 明日電話してくれませんか。

8. 私たちはまず電車に乗って、それから地下鉄に乗り換えます。

復習 2

I 文法のまとめ

1. 否定を表す"不"と"没(有)"

"是"と形容詞の否定形 ── 過去・現在・未来に関係なく"不"を使って表す。		
不是～ ～ではない／～ではなかった	他 不是 学生。 Tā bú shì xuésheng.	▶ 彼は学生ではありません。
	昨天 不是 六号。 Zuótiān bú shì liù hào.	▶ 昨日は6日ではありませんでした。
不 + 形容詞 ～くない／～くなかった	今天 不 热。 Jīntiān bú rè.	▶ 今日は暑くありません。
	昨天也 不 热。 Zuótiān yě bú rè.	▶ 昨日も暑くありませんでした。

動詞の否定形		
"不"は意志または習慣上の動作や未来の動作の否定を表す。 "没(有)"はそれまでにそういう動作がなかったことを表す。		
不 + 動詞 ～しない	我明天 不 去。 Wǒ míngtiān bú qù.	▶ 私は明日行きません。
没(有) + 動詞 ～していない／～しなかった	我昨天 没 去。 Wǒ zuótiān méi qù.	▶ 私は昨日行きませんでした。
	我还 没有 去。 Wǒ hái méiyou qù.	▶ 私はまだ行っていません。
	我 没有 去过。 Wǒ méiyou qùguo.	▶ 私は行ったことがありません。

動詞"有"の否定形 没(有)	我明天 没有 空。 Wǒ míngtiān méiyou kòng.	▶ 私は明日暇がありません。
助動詞の否定形 不 + 助動詞	我 不 会开车。 Wǒ bú huì kāichē.	▶ 私は車の運転ができません。
	我 不 想去。 Wǒ bù xiǎng qù.	▶ 私は行きたくありません。

2. 疑問文のパターン

1)"吗"疑問文 p.35	你喝红茶吗？ Nǐ hē hóngchá ma?	▶ 紅茶を飲みますか。
2) 反復疑問文 　肯定形＋否定形　p.35	你喝不喝红茶？ Nǐ hē bu hē hóngchá?	▶ 紅茶を飲みませんか。
3) 疑問詞疑問文 　　　　　　　p.35	你喝什么？ Nǐ hē shénme?	▶ 何を飲みますか。
4) 選択疑問文 　(是)～还是～？　p.51	你是喝咖啡，还是喝红茶？ Nǐ shì hē kāfēi, háishi hē hóngchá?	▶ コーヒーを飲みますか、 それとも紅茶を飲みますか。
5) 省略型疑問文 　～呢？　　　　p.42	我喝红茶。你呢？ Wǒ hē hóngchá. Nǐ ne?	▶ 私は紅茶を飲みます。あなたは？
6) 推測疑問文 　～吧？　　　　p.41	你也在学汉语吧？ Nǐ yě zài xué Hànyǔ ba?	▶ あなたも中国語を学んでいるで しょう？
7) 意向を尋ねる疑問文 　～好吗？／好不好？ 　～，怎么样？　p.50	咱们一起去，好不好？ Zánmen yìqǐ qù, hǎo bu hǎo? 明天去，怎么样？ Míngtiān qù, zěnmeyàng?	▶ 一緒に行きませんか。 ▶ 明日行くのはどうですか。
8)"没有"を用いる疑問文 　(動詞＋过)＋没有？ 　(～了)＋没有？ 　　　　　　　p.57	你去过中国没有？ Nǐ qùguo Zhōngguó méiyou? 你昨天来学校了没有？ Nǐ zuótiān lái xuéxiào le méiyou?	▶ 中国に行ったことがありますか。 ▶ 昨日学校に来ましたか。

II 長文読解 次の文を朗読してから、日本語に訳しなさい。

Wǒ xìng Zhōngcūn, jiào Zhōngcūn Ài, jīnnián shíjiǔ suì. Wǒ shì dàxué yī niánjí de xuésheng.

Wǒ zhùzài Dàbǎn. Wǒ jiā yǒu qī kǒu rén, yéye、nǎinai、bàba、māma、gēge、jiějie hé wǒ. Bàba shì gōngsī zhíyuán. Māma shì gāozhōng de Yīngyǔ lǎoshī. Tāmen měi tiān dōu hěn máng. Wǒ gēge yǐjīng dàxué bìyè le, xiànzài zài yì jiā màoyì gōngsī gōngzuò. Wǒ jiějie hái zài shàng dàxué. Tā de zhuānyè shì jīngjìxué. Tā yí ge xīngqī yǒu liǎng jié Hànyǔ kè. Wǒ yě zài xué Hànyǔ. Wǒ měi tiān wǎnshang xuéxí yí ge xiǎoshí Hànyǔ. Xīngqītiān wǒmen chángcháng yìqǐ liànxí Hànyǔ huìhuà. Wǒ duì Zhōngguó wénhuà hěn gǎn xìngqù. Wǒ hé jiějie dōu àihào tīng yīnyuè, yě xǐhuan kàn diànyǐng. Zuótiān xiàwǔ wǒmen qù kànle Zhōngguó yǐngpiàn《Wǒ de fùqin mǔqin》. Zhèige diànyǐng hěn yǒu yìsi.

Kuàiyào fàng shǔjià le. Wǒ méi qùguo Zhōngguó. Jīnnián shǔjià wǒ dǎsuan qù Zhōngguó Xī'ān liúxué. Wǒ hái zhǔnbèi hé péngyou yìqǐ qù Shànghǎi hé Běijīng lǚyóu.

我姓中村，叫中村爱，今年十九岁。我是大学一年级的学生。

我住在大阪。我家有七口人，爷爷、奶奶、爸爸、妈妈、哥哥、姐姐和我。爸爸是公司职员。妈妈是高中的英语老师。他们每天都很忙。我哥哥已经大学毕业了，现在在一家贸易公司工作。我姐姐还在上大学。她的专业是经济学。她一个星期有两节汉语课。我也在学汉语。我每天晚上学习一个小时汉语。星期天我们常常一起练习汉语会话。我对中国文化很感兴趣。我和姐姐都爱好听音乐，也喜欢看电影。昨天下午我们去看了中国影片《我的父亲母亲》。这个电影很有意思。

快要放暑假了。我没去过中国。今年暑假我打算去中国西安留学。我还准备和朋友一起去上海和北京旅游。

Ⅲ 確認テスト

1. 次の語句に声調符号をつけなさい。

爱好	好吃	兴趣	喜欢	唱歌	音乐	电影	电视
中国	日本	学习	休息	睡觉	打工	工作	钟头
开车	坐车	换车	车站	电车	地铁	附近	公司
银行	超市	医院	学校	邮局	书店	教室	食堂
暑假	留学	汉语	英语	上课	考试	旅游	短信

2. 次の文を中国語に訳しなさい。

1) 私は行きます。

   私は大阪に行きます。

   私は明日大阪に行きます。

   私は明日電車で大阪に行きます。

2) 私は読みます。

   私は新聞を読みます。

   私は新聞を読みたいです。

   私は図書館へ新聞を読みに行きたいです。

3) 私はアルバイトをします。

   私はアルバイトをしています。

   私は喫茶店でアルバイトをしています。

   私は来週月曜日に喫茶店でアルバイトをします。

4) 私はコーヒーを飲みます。

   私はコーヒーを飲んでいます。

   私はコーヒーを飲みました。

   私はこのコーヒーを飲んだことがあります。

5）　私はコーヒーを飲みません。

　　　私はコーヒーを飲んでいません。

　　　私はコーヒーを飲んでいませんでした。

　　　私はこのコーヒーを飲んだことがありません。

6）　夏休みになります。

　　　もうすぐ夏休みになります。

　　　夏休みになりました。

　　　まだ夏休みになっていません。

7）　２回電話をします。

　　　２回電話をしたことがあります。

　　　姉は母に電話をします。

　　　姉は毎日母に２回電話をします。

8）　私は忙しいです。

　　　私は昨日忙しかったです。

　　　私は忙しくありません。

　　　私は昨日忙しくありませんでした。

9）　今日は火曜日です。

　　　昨日は月曜日でした。

　　　今日は８日ではありません。

　　　昨日は１０日ではありませんでした。

10）　図書館の本。

　　　面白い映画。

　　　私が見たい映画。

　　　昨日見た映画。

3. （　）に"不"または"没（有）"を入れ、日本語に訳しなさい。

1）我上个月（　　）忙，这个月非常忙。
　　Wǒ shàng ge yuè (　　) máng, zhèige yuè fēicháng máng.

2）他（　　）是上海人，是北京人。
　　Tā (　　) shì Shànghǎirén, shì Běijīngrén.

3）我哥哥每天都（　　）吃早饭。
　　Wǒ gēge měi tiān dōu (　　) chī zǎofàn.

4）上星期五晚上我有事，（　　）去打工。
　　Shàng xīngqīwǔ wǎnshang wǒ yǒu shì, (　　) qù dǎgōng.

5）我（　　）想去，你一个人去吧。
　　Wǒ (　　) xiǎng qù, nǐ yí ge rén qù ba.

6）我（　　）会说德语。你会说吗？
　　Wǒ (　　) huì shuō Déyǔ. Nǐ huì shuō ma?

7）这个电影我（　　）看过。
　　Zhèige diànyǐng wǒ (　　) kànguo.

8）星期天我们（　　）去买东西，去看足球比赛了。
　　Xīngqītiān wǒmen (　　) qù mǎi dōngxi, qù kàn zúqiú bǐsài le.

9）明天晚上（　　）有事儿，一起去唱卡拉OK，好吗？
　　Míngtiān wǎnshang (　　) yǒu shìr, yìqǐ qù chàng kǎlā OK, hǎo ma?

10）我今天晚上（　　）在家，和朋友一起去看电影。
　　Wǒ jīntiān wǎnshang (　　) zài jiā, hé péngyou yìqǐ qù kàn diànyǐng.

7

Dì qī kè
第7课 请问，这附近有没有地铁站？

STEP 13

A：山本さん　　B：歩行者

B 14

Qǐngwèn, zhè fùjìn yǒu méiyou dìtiězhàn?
A：请问，这附近有没有地铁站？

Yǒu. Dìtiězhàn jiù zài qiánmiàn.
B：有。地铁站就在前面。

Xièxie nín!
A：谢谢您！

Bú kèqi.
B：不客气。

Qǐngwèn, dào Wángfǔjǐng Dàjiē zěnme zǒu?
A：请问，到王府井大街怎么走？

Zuò yāolíngsān lù chē.
B：坐 103 路车。

Yāolíngsān lù chēzhàn zài nǎr?
A：103 路车站在哪儿？

Nín kàn, jiù zài duìmiàn. Guòle mǎlù jiù shì.
B：您看，就在对面。过了马路就是。

一言メモ

请问。	ちょっとお尋ねしますが、
怎么走？	どのように行くのですか。
您看。	見てください。
过了马路就是。	道を渡ればすぐです。

語句　ピンインをつけ、日本語の意味を調べなさい。

① 请问　② 地铁站　③ 前面　④ 大街　⑤ 怎么
⑥ 走　⑦ ～路　⑧ 对面　⑨ 过　⑩ 马路

7

走着去，用不了十分钟。

STEP 14

A：山本さん　　B：タクシーの運転手　　C：歩行者

B 15

A： Láojià.
　　劳驾。

B： Qǐng shàngchē! Nín qù nǎr?
　　请 上车！您 去 哪儿？

A： Yíhéyuán. Yíhéyuán lí zhèr yǒu duō yuǎn?
　　颐和园。颐和园 离 这儿 有 多 远？

B： Dàyuē shí gōnglǐ zuǒyòu.
　　大约 十 公里 左右。

A： Xiānsheng, nín zhīdao qù huǒchēzhàn děi zuò jǐ lù chē ma?
　　先生，您 知道 去 火车站 得 坐 几 路 车 吗？

C： Búyòng zuò chē. Zǒuzhe qù, yòngbuliǎo shí fēn zhōng.
　　不用 坐 车。走着 去，用不了 十 分 钟。

A： Néng bu néng gàosu wǒ zěnme zǒu?
　　能 不 能 告诉 我 怎么 走？

C： Yìzhí wǎng qián zǒu, dàole shízì lùkǒu xiàng yòu guǎi jiù shì.
　　一直 往 前 走，到了 十字 路口 向 右 拐 就 是。

一言メモ

劳驾。　　　　　　　　すみません。(頼み事の時)
请〜　　　　　　　　　〜してください。
有多远？　　　　　　　どれくらいの距離がありますか。
一直往前走。　　　　　まっすぐに行きます。

語句　ピンインをつけ、日本語の意味を調べなさい。

① 多远　　② 大约　　③ 公里　　④ 火车站　　⑤ 不用

⑥ 用不了　　⑦ 告诉　　⑧ 一直　　⑨ 往　　⑩ 向

Zǒuzhe qù, yòngbuliǎo shí fēn zhōng. —— 71

1. 存在を表す "有" と "在"

| 場所（〜に）+ 有（いる・ある）+ モノ（〜が） |
| モノ（〜が）+ 在（いる・ある）+ 場所（〜に） |

① ● 这附近有地铁站吗？　　　　　Zhè fùjìn yǒu dìtiězhàn ma?
　◇ 没有。有汽车站。　　　　　　Méiyou. Yǒu qìchēzhàn.

② ● 你老家在哪儿？　　　　　　　Nǐ lǎojiā zài nǎr?
　◇ 我老家在北海道。　　　　　　Wǒ lǎojiā zài Běihǎidào.

③ ● 请问，这里有没有厕所？　　　Qǐngwèn, zhèli yǒu méiyou cèsuǒ?
　◇ 有。就在前面。　　　　　　　Yǒu. Jiù zài qiánmiàn.

2. 動態助詞 "了"　　動詞の後につき、動作の完了を表す。

動詞 + 了 + 目的語 + 就/再 + 動詞 + 目的語　〜してから、〜する

① ● 下了车，就去看电影吗？　　　Xiàle chē, jiù qù kàn diànyǐng ma?
　◇ 不，吃了饭再去看。　　　　　Bù, chīle fàn zài qù kàn.

② ● 请问，去和平饭店怎么走？　　Qǐngwèn, qù Hépíng Fàndiàn zěnme zǒu?
　◇ 到了路口，往左拐就是。　　　Dàole lùkǒu, wǎng zuǒ guǎi jiù shì.

③ ● 先去王府井大街怎么样？　　　Xiān qù Wángfǔjǐng Dàjiē zěnmeyàng?
　◇ 参观了故宫以后，再去吧。　　Cānguānle Gùgōng yǐhòu, zài qù ba.

3. 助動詞 "得"　　得 + 動詞　〜しなければならない　　否定は "不用" を用いる。

① ● 去动物园得坐地铁吗？　　　　Qù dòngwùyuán děi zuò dìtiě ma?
　◇ 离这儿很近，不用坐车。　　　Lí zhèr hěn jìn, búyòng zuò chē.

② ● 我周末得去打工。你呢？　　　Wǒ zhōumò děi qù dǎgōng. Nǐ ne?
　◇ 要考试了，我得复习功课。　　Yào kǎoshì le, wǒ děi fùxí gōngkè.

③ ● 时间不早了，我得走了。　　　Shíjiān bù zǎo le, wǒ děi zǒu le.
　◇ 还早呢。再坐一会儿吧。　　　Hái zǎo ne. Zài zuò yíhuìr ba.

補充語句　[乗り物]

zuò chē	gōnggòng qìchē	dìtiě	diànchē	chūzūchē	huǒchē	fēijī	chuán	qīngguǐ
坐车	公共汽车	地铁	电车	出租车	火车	飞机	船	轻轨
車に乗る	バス	地下鉄	電車	タクシー	汽車	飛行機	船	モノレール

qí chē	zìxíngchē	mótuōchē	shàngchē	xiàchē	kāichē	dǎdī	chēzhàn
骑车	自行车	摩托车	上车	下车	开车	打的	车站
自転車に乗る	自転車	オートバイ	乗車する	下車する	車を運転する	タクシーに乗る	駅・バス停

B 19 **4. 動詞₁＋"着"＋動詞₂**　　助詞"着"は動詞₁の後につき、動詞₂の状況などを表す。

① ● 走着去，还是坐车去？　　Zǒuzhe qù, háishi zuò chē qù?
　◇ 不远，咱们走着去吧。　　Bù yuǎn, zánmen zǒuzhe qù ba.

② ● 她对你说什么了？　　Tā duì nǐ shuō shénme le?
　◇ 她笑着说："谢谢！"　　Tā xiàozhe shuō: "Xièxie!"

③ ● 你们站着干活儿吗？　　Nǐmen zhànzhe gàn huór ma?
　◇ 不，我们坐着干活儿。　　Bù, wǒmen zuòzhe gàn huór.

B 20 **5. 二重目的語**　　動詞 ＋ 間接目的語（相手～に）＋ 直接目的語（～を）

① ● 请告诉我你的手机号码。　　Qǐng gàosu wǒ nǐ de shǒujī hàomǎ.
　◇ 好。09012348765。　　Hǎo. Líng jiǔ líng yāo èr sān sì bā qī liù wǔ.

② ● 谁教你们汉语？　　Shéi jiāo nǐmen Hànyǔ?
　◇ 林老师教我们汉语。　　Lín lǎoshī jiāo wǒmen Hànyǔ.

③ ● 劳驾，请给我发票。　　Láojià, qǐng gěi wǒ fāpiào.
　◇ 好。请等一会儿。　　Hǎo. Qǐng děng yíhuìr.

B 21 **6. 助動詞"能"**　　能力・条件・状況から見て～することができる。
　　　　　　　　　　　　"能不能～"は「～していただけませんか」。

① ● 星期天你能去吗？　　Xīngqītiān nǐ néng qù ma?
　◇ 我有事，不能去。　　Wǒ yǒu shì, bù néng qù.

② ● 能不能告诉我坐几路车？　　Néng bu néng gàosu wǒ zuò jǐ lù chē?
　◇ 坐105路。　　Zuò yāolíngwǔ lù.

③ ● 能不能便宜点儿？　　Néng bu néng piányi diǎnr?
　◇ 不行。　　Bùxíng.

補充語句 [方位詞]

qiánmiàn(bianr) 前面（边儿） 前・前の方	hòumiàn(bianr) 后面（边儿） 後	shàngmiàn(bianr) 上面（边儿） 上	xiàmiàn(bianr) 下面（边儿） 下	lǐmiàn(bianr) 里面（边儿） 中	wàimiàn(bianr) 外面（边儿） 外
zuǒmiàn(bianr) 左面（边儿） 左	yòumiàn(bianr) 右面（边儿） 右	dōngmiàn(bianr) 东面（边儿） 東	nánmiàn(bianr) 南面（边儿） 南	xīmiàn(bianr) 西面（边儿） 西	běimiàn(bianr) 北面（边儿） 北

ドリル A

I ☐ 内の語句を用いて、下線の部分を入れ替え、会話の練習をしなさい。

1. A：请问，这附近有没有 <u>地铁站</u>？　　B：有。就在前面。

tíngchēchǎng	yínháng	yīyuàn	shāngchǎng	yóujú	bǎolíngqiúguǎn
停车场	银行	医院	商场	邮局	保龄球馆
駐車場	銀行	病院	百貨店	郵便局	ボーリング場

2. A：请问，去 <u>车站</u> 怎么走？　　B：一直往前走就能到。

Gùgōng	Tiān'ānmén Guǎngchǎng	Tiāntán Gōngyuán	Chángchéng
故宫	天安门 广场	天坛 公园	长城
故宮博物院	天安門広場	天壇公園	万里の長城

3. A：<u>颐和园</u> 离这儿有多远？　　B：大约 <u>十公里</u> 左右。

chēzhàn yìbǎi mǐ	jiǔdiàn wǔshí mǐ	jīchǎng èrshí gōnglǐ
车站・一百 米	酒店・五十 米	机场・二十 公里
駅・100メートル	ホテル・50メートル	空港・20キロメートル

4. A：下了车就去吗？　　B：不，<u>吃 了 饭</u> 再去。

mǎi dōngxi	mǎi lǐwù	hē kāfēi	kàn diànyǐng	kàn huàzhǎn
买 东西	买 礼物	喝 咖啡	看 电影	看 画展
買物をする	プレゼントを買う	コーヒーを飲む	映画を見る	絵の展覧会を見る

II 次の日本語を読み、口頭で中国語に訳しなさい。

1. A：ちょっとお尋ねしますが、地下鉄の駅はどこですか。

   B：道を渡って、右へ曲がると、すぐです。

   A：どうもありがとう。

2. A：ちょっとお尋ねしますが、万里の長城へはどうやっていくのですか。

   B：バスがあります。バス停はすぐそこにあります。

   A：ありがとうございました。

3. A：ここから故宮までどれくらいの時間がかかりますか。

   B：バスで行けば、15分もかかりません。

ドリルA

4．A：私たちは歩いて行きますか、それともタクシーで行きますか。

　　B：あまり遠くないので、歩いて行きましょう。

5．A：電話番号を教えていただけませんか。

　　B：はい。13087654321。

III 中国語を聞き、問1～問5に対する答えとして最も適当なものを①～④の中から1つ選びなさい。

B 22	問1．我住的酒店附近有：	①	②	③	④
B 23	問2．我打算坐几路车去故宫？	①	②	③	④
B 24	問3．我准备怎么去长城？	①	②	③	④
B 25	問4．今天我吃了晚饭以后，想干什么？	①	②	③	④
B 26	問5．我老家在哪儿？	①	②	③	④

B 27 **IV** 録音を聞いてから朗読しなさい。

　　暑假我去北京旅游了。我住的酒店离王府井大街很近，走着去用不了十分钟。酒店附近还有地铁站，很方便。我坐出租车去了颐和园。颐和园很大，也很美。北京有很多玩儿的地方。我还想去一趟北京。

＊美 měi：美しい　方便 fāngbiàn：便利だ　地方 dìfang：所

北京の世界文化遺産

长城 Chángchéng	万里の長城（1987年に登録）は世界最大の建築物、東は河北省、渤海湾の山海関から西は甘粛省の嘉峪関まで、全長6000kmの大城壁。
故宫 Gùgōng	故宮（1987年に登録）は面積725000m²、世界最大の皇宮で、現在は故宮博物院になっています。
颐和园 Yíhéyuán	頤和園（1998年に登録）は北京の西北部にある庭園公園で、古くは西太后の避暑地でした。
天坛 Tiāntán	天壇（1998年に登録）は明・清の皇帝が天に対して祭祀を行った宗教的な場所。現在は天壇公園になっています。

ドリル B

I 次の漢字にピンインをつけて、日本語の意味を書きなさい。

① 老家　　② 请问　　③ 前面　　④ 动物　　⑤ 不用

⑥ 周末　　⑦ 考试　　⑧ 复习　　⑨ 告诉　　⑩ 手机

II 1. （　）に"有"または"在"を入れ、日本語に訳しなさい。

1) 公园里（　　）很多游客。　　Gōngyuán li（　　）hěn duō yóukè.

2) 请问，中餐厅（　　）几楼？　　Qǐngwèn, zhōngcāntīng（　　）jǐ lóu?

3) 咖啡馆（　　）食堂旁边。　　Kāfēiguǎn（　　）shítáng pángbiān.

4) 我们学校里（　　）两个书店。　　Wǒmen xuéxiào li（　　）liǎng ge shūdiàn.

5) 车站（　　）北边儿。　　Chēzhàn（　　）běibianr.

2．次の質問に否定形で答えなさい。

1) 你家附近有地铁站吗？　　Nǐ jiā fùjìn yǒu dìtiězhàn ma?

2) 我们得走着去吗？　　Wǒmen děi zǒuzhe qù ma?

3) 去动物园要换车吗？　　Qù dòngwùyuán yào huànchē ma?

4) 周末你哥哥也能来玩儿吗？　　Zhōumò nǐ gēge yě néng lái wánr ma?

5) 她在图书馆吗？　　Tā zài túshūguǎn ma?

ドリル B

III 次の文を読み、漢字に書き直してから、日本語に訳しなさい。

1. Qǐngwèn, cèsuǒ zài nǎr? —— Jiù zài qiánmiàn.

2. Lí zhèr hěn jìn, zánmen zǒuzhe qù ba.

3. Wǒ jiāo péngyou Yīngyǔ, péngyou jiāo wǒ Hànyǔ.

4. Xīngqītiān wǒ yǒu shì, bù néng qù.

5. Wǒmen kànle diànyǐng, zài qù chīfàn ba.

IV 次の文を中国語に訳しなさい。

1. この近くにバス停があります。

2. 地下鉄の駅はすぐ前にあります。

3. もう遅いから、私は帰らなければなりません。

4. 歩いて行きますか、それとも自転車で行きますか。

5. どうやって行くのか、教えていただけませんか。

6. 私は明日用事があるので、来ることができません。

7. 駅に着いたら、電話をください。

8. 歩いて行けば、10分もかかりません。

8 第8课 Dì bā kè 你点菜吧！

STEP 15

A：レストランの店員　　B：李君　　C：山本さん

B 28

A： Huānyíng guānglín. Zhè shì càidān.
欢迎 光临。这 是 菜单。

B： Shānběn, nǐ diǎn cài ba!
山本，你 点 菜 吧！

C： Xíng. Yào yí ge tángcùyú, yí ge mápó dòufu hé yì wǎn dàntāng.
行。要 一 个 糖醋鱼、一 个 麻婆豆腐 和 一 碗 蛋汤。

A： Yào bu yào cháshuǐ?
要 不 要 茶水？

C： Yǒu shénme chá?
有 什么 茶？

A： Mòli huāchá, wūlóngchá, pǔ'ěrchá.
茉莉 花茶、乌龙茶、普洱茶。

C： Lái yì hú huāchá ba.
来 一 壶 花茶 吧。

A： Míngbai le. Qǐng shāo děng.
明白 了。请 稍 等。

一言メモ

欢迎光临。	いらっしゃいませ。
你点菜吧！	料理を注文してください。
来一壶花茶吧。	ジャスミン茶をください。
明白了。	わかりました。
请稍等。	少々お待ちください。

語句　　ピンインをつけ、日本語の意味を調べなさい。

① 欢迎　② 菜单　③ 点菜　④ 〜碗　⑤ 蛋汤

⑥ 来　⑦ 〜壶　⑧ 花茶　⑨ 明白　⑩ 等

8

你菜做得怎么样？

STEP 16

A：李君　　B：山本さん

B 29

A：Bié kèqi! Lái, zánmen chī ba.
　　别 客气！来，咱们 吃 吧。

B：Hǎo, wǒ xiān lái cháng yíxià mápó dòufu ba.
　　好，我 先 来 尝 一下 麻婆 豆腐 吧。

A：Wèidao zěnmeyàng? Là bu là?
　　味道 怎么样？辣 不 辣？

B：Là shì là, búguò tǐng hǎochī de.
　　辣 是 辣，不过 挺 好吃 的。

A：Nǐ huì zuò Zhōngguócài ma?
　　你 会 做 中国菜 吗？

B：Wǒ bú huì zuò. Nǐ cài zuòde zěnmeyàng?
　　我 不 会 做。你 菜 做得 怎么样？

A：Hái xíng. Yàoshi yǒu jīhui, qǐng nǐ chángchang wǒ zuò de cài.
　　还 行。要是 有 机会，请 你 尝尝 我 做 的 菜。

B：Nà tài hǎo le. Xièxie!
　　那 太 好 了。谢谢！

一言メモ

別客气。	遠慮しないでください。
来，〜	（人を促して）さあ、〜
我来 + 動詞	私が〜しましょう。
挺 + 形容詞 +的。	とても〜
还行。	まあまあです。

語句　ピンインをつけ、日本語の意味を調べなさい。

① 別〜　　② 尝　　③ 一下　　④ 味道　　⑤ 辣

⑥ 不过　　⑦ 中国菜　　⑧ 做菜　　⑨ 要是　　⑩ 机会

POINT 8

B30 1. 語気助詞 "吧"　　"吧"は文末につけて、勧誘・命令・推測などの語気を表す。

① ● 咱们一起吃吧。　　　　　　　Zánmen yìqǐ chī ba.
　◇ 我不饿。你先吃吧。　　　　　Wǒ bú è. Nǐ xiān chī ba.

② ● 请点菜吧。　　　　　　　　　Qǐng diǎn cài ba.
　◇ 好。我来点吧。　　　　　　　Hǎo. Wǒ lái diǎn ba.

③ ● 这个菜一定很辣吧？　　　　　Zhèige cài yídìng hěn là ba?
　◇ 不怎么辣。　　　　　　　　　Bù zěnme là.

B31 2. 禁止の表現　別／不要 + 動詞　〜しないでください　〜してはいけません

① ● 别客气，请吃。　　　　　　　Bié kèqi, qǐng chī.
　◇ 谢谢。　　　　　　　　　　　Xièxie.

② ● 请不要客气，喝吧。　　　　　Qǐng búyào kèqi, hē ba.
　◇ 对不起，我不会喝酒。　　　　Duìbuqǐ, wǒ bú huì hē jiǔ.

③ ● 这件事你别告诉大家。　　　　Zhèi jiàn shì nǐ bié gàosu dàjiā.
　◇ 知道了。　　　　　　　　　　Zhīdao le.

B32 3. 動詞の重ね型・動詞 + "一下"　動詞 + 動詞／動詞 + 一下　ちょっと〜する

尝　尝尝(尝一尝)・尝一下　　休息　休息休息・休息一下　　散步　散散步・散一下步

① ● 请尝一下我做的蛋糕。　　　　Qǐng cháng yíxià wǒ zuò de dàngāo.
　◇ 好。我来尝尝。　　　　　　　Hǎo. Wǒ lái chángchang.

② ● 我们休息一下，怎么样？　　　Wǒmen xiūxi yíxià, zěnmeyàng?
　◇ 行。在这儿坐一会儿吧。　　　Xíng. Zài zhèr zuò yíhuìr ba.

③ ● 咱们去公园散散步，好吗？　　Zánmen qù gōngyuán sànsan bù, hǎo ma?
　◇ 不行。我现在没时间。　　　　Bùxíng. Wǒ xiànzài méi shíjiān.

補充語句［食べ物］

miàntiáo	chǎomiàn	jiǎozi	guōtiē	húntun	ròubāozi	chǎofàn	xīfàn	héfàn
面条	炒面	饺子	锅贴	馄饨	肉包子	炒饭	稀饭	盒饭
めん類	焼そば	ギョーザ	焼きギョーザ	ワンタン	肉まん	焼き飯	おかゆ	お弁当

sānmíngzhì	hànbǎobāo	gālífàn	bǐsàbǐng	règǒu	fàntuán	kuàicān
三明治	汉堡包	咖喱饭	比萨饼	热狗	饭团	快餐
サンドイッチ	ハンバーガー	カレーライス	ピザ	ホットドッグ	おにぎり	ファーストフード

B 33 4. "～是～，但是（不过／就是）…"　　～であることは～であるが、…

① ● 你会不会做中国菜？　　Nǐ huì bu huì zuò Zhōngguócài?
　◇ 会做是会做，但是做得不好。　　Huì zuò shì huì zuò, dànshì zuòde bù hǎo.

② ● 这种水果贵不贵？　　Zhèi zhǒng shuǐguǒ guì bu guì?
　◇ 贵是贵，不过味道不错。　　Guì shì guì, búguò wèidao búcuò.

③ ● 这个菜怎么样？　　Zhèige cài zěnmeyàng?
　◇ 好吃是好吃，就是有点儿辣。　　Hǎochī shì hǎochī, jiùshì yǒudiǎnr là.

B 34 5. 接続詞 "要是"　　要是～的话，就…　　もし～ならば、…

① ● 你去不去？　　Nǐ qù bu qù?
　◇ 要是有空的话，我就去。　　Yàoshi yǒu kòng dehuà, wǒ jiù qù.

② ● 我想买一瓶白酒。　　Wǒ xiǎng mǎi yì píng báijiǔ.
　◇ 好喝的话，我也想买一瓶。　　Hǎohē dehuà, wǒ yě xiǎng mǎi yì píng.

③ ● 要是有机会，请再来玩儿。　　Yàoshi yǒu jīhui, qǐng zài lái wánr.
　◇ 我一定再来。　　Wǒ yídìng zài lái.

B 35 6. 構造助詞 "得"

　　(動詞) ＋ 目的語 ＋ 動詞 ＋ 得 ＋ 様態補語 (形容詞など)

① ● 她做菜做得好不好？　　Tā zuò cài zuòde hǎo bu hǎo?
　◇ 她做得挺好的。　　Tā zuòde tǐng hǎo de.

② ● 你汉语说得怎么样？　　Nǐ Hànyǔ shuōde zěnmeyàng?
　◇ 我说得不太好。　　Wǒ shuōde bú tài hǎo.

③ ● 你睡觉睡得很晚吗？　　Nǐ shuìjiào shuìde hěn wǎn ma?
　◇ 是的。我每天都睡得很晚。　　Shì de. Wǒ měi tiān dōu shuìde hěn wǎn.

補充語句 [飲み物]

guǒzhī	bīng kāfēi	kělè	Xuěbì	Fēndá	mángguǒzhī	kuàngquánshuǐ
果汁	冰咖啡	可乐	雪碧	芬达	芒果汁	矿泉水
ジュース	アイスコーヒー	コーラ	スプライト	ファンタ	マンゴージュース	ミネラルウォーター

jiǔshuǐ	lǎojiǔ	báijiǔ	píjiǔ	pútaojiǔ	báilándì	wēishìjì	jīwěijiǔ
酒水	老酒	白酒	啤酒	葡萄酒	白兰地	威士忌	鸡尾酒
飲み物	ラオチュウ	パイチュウ	ビール	ワイン	ブランデー	ウイスキー	カクテル

ドリルA

I ☐ 内の語句を用いて、下線の部分を入れ替え、会話の練習をしなさい。

1. A：您要什么？　　　B：要 <u>一个麻婆豆腐</u>。

liǎng ge hànbǎobāo	yí ge héfàn	yì wǎn miàntiáo	yì píng píjiǔ
两个汉堡包	一个盒饭	一碗面条	一瓶啤酒
ハンバーガー2つ	お弁当1つ	ラーメン1つ	ビール1本

2. A：你 <u>尝尝</u> 吧。　　　B：好。我来 <u>尝</u> 一下吧。

shuō	chàng	cāi	niàn	shì	jièshào
说	唱	猜	念	试	介绍
話す	歌う	当てる	(声を出して)読む	試す	紹介する

3. A：味道怎么样？　　　B：太 <u>辣</u> 了。

tián	kǔ	suān	xián	dàn	sè	yóunì
甜	苦	酸	咸	淡	涩	油腻
甘い	苦い	酸っぱい	塩辛い	(味が)薄い	渋い	脂っこい

4. A：你 <u>做菜</u> <u>做</u> 得怎么样？　　　B：<u>做</u> 得不太好。

xiě zì	shuō Hànyǔ	chàng gē	dǎ pīngpāngqiú	huáxuě
写字	说汉语	唱歌	打乒乓球	滑雪
字を書く	中国語を話す	歌を歌う	卓球をする	スキーをする

II 次の日本語を読み、口頭で中国語に訳しなさい。

1. A：中華料理は好きですか。

   B：大好きです。

2. A：中華料理は作れますか。

   B：作れることは作れますが、得意ではありません。あなたは？

   A：私も得意ではありません。

3. A：この料理の味はどうですか。美味しいですか。

   B：とても美味しいです。

ドリル A

4．A：もし時間が有れば、何をしたいですか。

　　B：外国旅行に行きたいです。

5．A：いらっしゃいませ、なにを注文なさいますか。

　　B：ビールを１本ください。

Ⅲ 中国語を聞き、問１〜問５に対する答えとして最も適当なものを①〜④の中から１つ選びなさい。

B 36　問１．我点了什么菜？　　　　　　　①　　②　　③　　④

B 37　問２．我最爱喝什么茶？　　　　　　①　　②　　③　　④

B 38　問３．我姐姐中国菜做得怎么样？　　①　　②　　③　　④

B 39　問４．我觉得日本的麻婆豆腐怎么样？①　　②　　③　　④

B 40　問５．我汉语说得怎么样？　　　　　①　　②　　③　　④

B 41　Ⅳ 録音を聞いてから朗読しなさい。

　　我不会做中国菜，但是很爱吃中国菜，特别喜欢吃麻婆豆腐。昨天星期天，我和朋友一起去吃饭了。我问朋友会不会做中国菜。朋友说，会做是会做，不过做得不太好。我和朋友都想学做中国菜。

＊特别 tèbié：特に　　问 wèn：尋ねる

いろいろな"〜吧 bā"

"吧 bā"は従来"酒吧 jiǔbā"（バー bar）を指していましたが、現在、新語としての"〜吧 bā"は、特定のサービスや娯楽を提供するリラックス空間、さまざまな専門店、カルチャーセンターなどの場所を指すように用いられています。

网吧	wǎngbā	ネットカフェ	商务吧	shāngwùbā	ビジネスルーム
茶吧	chábā	お茶専門の喫茶店	咖啡吧	kāfēibā	カフェバー
音乐吧	yīnyuèbā	ミュージックバー	陶吧	táobā	陶芸教室
书吧	shūbā	読書喫茶	迪吧	díbā	ディスコバー

ドリル B

I 次の漢字にピンインをつけて、日本語の意味を書きなさい。

① 客气　　② 蛋糕　　③ 饺子　　④ 休息　　⑤ 做菜

⑥ 水果　　⑦ 味道　　⑧ 好喝　　⑨ 机会　　⑩ 大家

II 1．与えられた日本語の意味になるように①～④の語句を並び替えなさい。

1) あなたの字は本当にきれいですね。　　①得　②真漂亮　③字　④写
   你_____ _____ _____ _____！

2) 私は料理を作るのが得意ではありません。　①做　②菜　③不好　④得
   我_____ _____ _____ _____。

3) 姉は中国語を話すのが上手です。　　①很好　②得　③说　④中国话
   我姐姐_____ _____ _____ _____。

4) 彼のサッカーはどうですか。　　①怎么样　②踢　③足球　④得
   他 _____ _____ _____ _____？

5) 彼女の歌はどうですか。　　①歌　②得　③怎么样　④唱
   她_____ _____ _____ _____？

2．次の質問に否定形で答えなさい。

1) 他说英语说得流利吗？　　Tā shuō Yīngyǔ shuōde liúlì ma？

2) 她们网球打得好吗？　　Tāmen wǎngqiú dǎde hǎo ma？

3) 你今天起床起得很早吗？　　Nǐ jīntiān qǐchuáng qǐde hěn zǎo ma？

4) 他哥哥游泳游得快吗？　　Tā gēge yóuyǒng yóude kuài ma？

5) 星期天玩儿得开心吗？　　Xīngqītiān wánrde kāixīn ma？

ドリル B

Ⅲ 次の文を読み、漢字に書き直してから、日本語に訳しなさい。

1. Zhèige cài yídìng hěn là ba? —— Wǒ lái chángchang.
   _____

2. Wǒmen zài zhèr xiūxi yíhuìr ba.
   _____

3. Tā shuō Hànyǔ shuōde zěnmeyàng? —— Shuōde tǐng hǎo de.
   _____

4. Qǐng búyào kèqi, hē ba. —— Duìbuqǐ, wǒ bú huì hē jiǔ.
   _____

5. Yàoshi yǒu jīhui dehuà, qǐng zài lái wánr.
   _____

Ⅳ 次の文を中国語に訳しなさい。

1. どうぞ料理をご注文ください。

2. 今晩一緒に中華料理を食べに行きましょう。

3. 遠慮しないでください。

4. 私が作ったギョーザを食べてみてください。

5. 彼女は中華料理を作るのが得意です。（"得"を使う）

6. 私は今朝早く起きました。（"得"を使う）

7. この料理は美味しいことは美味しいが、ちょっと辛いです。

8. もし機会があれば、私も行きたいです。

9 第9课 这个多少钱？
Dì jiǔ kè

STEP 17

Ａ：山本さん　　Ｂ：店員

B 42

A： Zhèige duōshao qián?
　　这个 多少 钱？

B： Bāshí kuài qián. Nín yào bu yào?
　　八十 块 钱。您 要 不 要？

A： Tài guì le. Kěyǐ piányi yìdiǎnr ma?
　　太 贵 了。可以 便宜 一点儿 吗？

B： Bùxíng. Nèi zhǒng bǐ zhèi zhǒng piányi.
　　不行。那 种 比 这 种 便宜。

A： Nèi zhǒng zěnme mài?
　　那 种 怎么 卖？

B： Mǎi liǎng ge dehuà, yìbǎi sìshí kuài.
　　买 两 个 的话，一百 四十 块。

A： Zhìliàng hé zhèi zhǒng yíyàng ma?
　　质量 和 这 种 一样 吗？

B： Yíyàng. Zhǐshì bāozhuāng méiyou zhèi zhǒng piàoliang.
　　一样。只是 包装 没有 这 种 漂亮。

一言メモ

这个多少钱？　　　　　これはいくらですか。
可以便宜一点儿吗？　　少し安くしてくれませんか。
Ａ和Ｂ一样。　　　　　ＡはＢと同じです。

語句　ピンインをつけ、日本語の意味を調べなさい。

① 多少钱　　② 贵　　③ 便宜　　④ 一点儿　　⑤ 比

⑥ 的话　　⑦ 一样　　⑧ 只是　　⑨ 包装　　⑩ 漂亮

9

你是在哪儿买的？

STEP 18

A：山本さん　　B：李君

B 43

A：Zhèi jiàn yīfu zěnmeyàng?
　这 件 衣服 怎么样？

B：Kuǎnshì hé yánsè dōu búcuò. Nǐ shì zài nǎr mǎi de?
　款式 和 颜色 都 不错。你 是 在 哪儿 买 的？

A：Zài Wángfǔjǐng mǎi de. Wǒ zuì xǐhuan zhèi zhǒng yánsè.
　在 王府井 买 的。我 最 喜欢 这 种 颜色。

B：Hái yǒu qítā yánsè de ma?
　还 有 其他 颜色 的 吗？

A：Hái yǒu báisè de、hēisè de、hóngsè de.
　还 有 白色 的、黑色 的、红色 的。

B：Zhèi jiàn yīfu yídìng guìde hěn ba?
　这 件 衣服 一定 贵得 很 吧？

A：Yìdiǎnr yě bú guì. Cái yìbǎi kuài qián.
　一点儿 也 不 贵。才 一百 块 钱。

B：Shì ma? Bǐ Rìběn de piányi duō le.
　是 吗？比 日本 的 便宜 多 了。

一言メモ

|形容詞| ＋ 得很。　　　　　　すごく～

才一百块钱。　　　　　わずか百元です。

A 比 B ＋ |形容詞| ＋ 多了。　AはBよりずいぶん～

語句　　ピンインをつけ、日本語の意味を調べなさい。

① ～件　　② 衣服　　③ 款式　　④ 颜色　　⑤ 最

⑥ 其他　　⑦ 白色　　⑧ 黑色　　⑨ 红色　　⑩ 才

POINT 9

B44 **1. 金銭の言い方**　　人民元の単位　　元 yuán　　角 jiǎo　　分 fēn（書き言葉）
　　　　　　　　　　　　　　　　　　　块 kuài　　毛 máo　　分 fēn（話し言葉）
　　　　　　　　　　　　日本円の単位　　日元 rìyuán

① ● 这个多少钱？　　　　　　　　　Zhèige duōshao qián?
　 ◇ 一百二十五块八毛五分。　　　　Yìbǎi èrshiwǔ kuài bā máo wǔ fēn.

② ● 这种点心怎么卖？　　　　　　　Zhèi zhǒng diǎnxin zěnme mài?
　 ◇ 一斤二十块。　　　　　　　　　Yì jīn èrshí kuài.

③ ● 一共多少钱？　　　　　　　　　Yígòng duōshao qián?
　 ◇ 一万两千（二千）三百日元。　　Yíwàn liǎngqiān(èrqiān) sānbǎi rìyuán.

B45 **2. 前置詞"比"**　　比較を表す。　　A比B〜　AはBより〜

① ● 这个比那个便宜吗？　　　　　　Zhèige bǐ nèige piányi ma?
　 ◇ 对，这个比那个便宜一点儿。　　Duì, zhèige bǐ nèige piányi yìdiǎnr.

② ● 这件比那件贵多少钱？　　　　　Zhèi jiàn bǐ nèi jiàn guì duōshao qián?
　 ◇ 贵十块钱。　　　　　　　　　　Guì shí kuài qián.

③ ● 那儿还和以前一样吗？　　　　　Nàr hái hé yǐqián yíyàng ma?
　 ◇ 不，那儿比以前热闹多了。　　　Bù, nàr bǐ yǐqián rènao duō le.

B46 **3. "A没有B（那么／这么）〜"**　　「AはBほど〜でない」。"A比B〜"の否定文としてよく用いられる。

① ● 今天比昨天还忙吗？　　　　　　Jīntiān bǐ zuótiān hái máng ma?
　 ◇ 不，今天没有昨天那么忙。　　　Bù, jīntiān méiyou zuótiān nàme máng.

② ● 北京夏天比大阪热吗？　　　　　Běijīng xiàtiān bǐ Dàbǎn rè ma?
　 ◇ 北京夏天没有大阪热。　　　　　Běijīng xiàtiān méiyou Dàbǎn rè.

③ ● 你汉语说得真好！　　　　　　　Nǐ Hànyǔ shuōde zhēn hǎo!
　 ◇ 哪里哪里。没你说得流利。　　　Nǎli nǎli. Méi nǐ shuōde liúlì.

補充語句 [通貨]

rénmínbì	rìyuán	měiyuán	ōuyuán	yīngbàng	jiāyuán	àoyuán	gǎngbì
人民币	日元	美元	欧元	英镑	加元	澳元	港币
人民元	日本円	USドル	ユーロ	英ポンド	カナダドル	オーストラリアドル	香港ドル

wàibì	xiànjīn	xìnyòngkǎ	lǚxíng zhīpiào	zhǐbì	yìngbì
外币	现金	信用卡	旅行支票	纸币	硬币
外貨	キャッシュ	クレジットカード	トラベラーズチェック	紙幣	コイン

B 47 4. 助動詞 "可以"　可能と許可を表す。"不可以～" は「～してはいけない」。

> 可以 + 動詞　～することができる／～してよい　否定は "不能／不可以" を用いる。

① ● 明天你可以（＝能）来吗？　　　Míngtiān nǐ kěyǐ(néng) lái ma？
　◇ 我有事儿，不能来。　　　　　　Wǒ yǒu shìr, bù néng lái.

② ● 可以便宜一点儿吗？　　　　　　Kěyǐ piányi yìdiǎnr ma？
　◇ 不行。不能便宜。　　　　　　　Bùxíng. Bù néng piányi.

③ ● 这里可以抽烟吗？　　　　　　　Zhèli kěyǐ chōu yān ma？
　◇ 不可以抽烟。　　　　　　　　　Bù kěyǐ chōu yān.

B 48 5. "是～的" 構文　すでに発生したことに対して、その動作の時間・場所・方式・主体を重点的に説明する時によく使う構文。"的" は文末か文の最後の動詞の後に置く。"是" は省略もできる。否定形は "不是～的"。

① ● 你是在哪儿买的？　　　　　　　Nǐ shì zài nǎr mǎi de？
　◇ 我是在香港买的。　　　　　　　Wǒ shì zài Xiānggǎng mǎi de.

② ● 你什么时候去的台湾？　　　　　Nǐ shénme shíhou qù de Táiwān？
　◇ 去年暑假去的。　　　　　　　　Qùnián shǔjià qù de.

③ ● 你是走着去的吗？　　　　　　　Nǐ shì zǒuzhe qù de ma？
　◇ 我不是走着去的，是骑车去的。　Wǒ bú shì zǒuzhe qù de, shì qí chē qù de.

B 49 6. "一点儿也（／都）" ＋ 否定文　少しも～でない。

① ● 这双鞋贵吗？　　　　　　　　　Zhèi shuāng xié guì ma？
　◇ 五百日元。一点儿也不贵。　　　Wǔbǎi rìyuán. Yìdiǎnr yě bú guì.

② ● 这个菜一点儿也不辣。　　　　　Zhèige cài yìdiǎnr yě bú là.
　◇ 是吗？那个菜有点儿辣。　　　　Shì ma？ Nèige cài yǒudiǎnr là.

③ ● 这件事你知道吗？　　　　　　　Zhèi jiàn shì nǐ zhīdao ma？
　◇ 我一点儿都不知道。　　　　　　Wǒ yìdiǎnr dōu bù zhīdào.

補充語句 [数字]

líng	shí	èrshí	yìbǎi	èrbǎi	yìqiān	liǎngqiān	yíwàn	liǎngwàn
零	十	二十	一百	二百	一千	两千	一万	两万
0	10	20	100	200	1000	2000	10000	20000

yìbǎi líng yī	yìbǎi yī(shí)	yìqiān líng yī	yìqiān yī(bǎi)	yìqiān líng yīshí
一百零一	一百一(十)	一千零一	一千一(百)	一千零一十
101	110	1001	1100	1010

ドリル A

I 　内の語句を用いて、下線の部分を入れ替え、会話の練習をしなさい。

1．A：这个多少钱？　　　　　　B：<u>一百块</u>。

| 105 元 | 15.50 元 | 0.85 元 | 2348 元 | 100 日元 | 16543 日元 |

2．A：<u>这个</u> 比 <u>那个</u> <u>贵</u> 吗？　　B：不，<u>这个</u> 没有 <u>那个</u> <u>贵</u>。

zhèige nèige piányi	tā tā dìdi gāo	jīntiān zuótiān máng
这个・那个・便宜	他・他弟弟・高	今天・昨天・忙
これ・それ・安い	彼・彼の弟さん・高い	今日・昨日・忙しい

3．A：这 <u>件</u> <u>衣服</u> 怎么样？　　B：款式和颜色都挺漂亮的。

tiáo niúzǎikù	jiàn chènshān	shuāng píxié	dǐng màozi
条・牛仔裤	件・衬衫	双・皮鞋	顶・帽子
本・ジーパン	枚・ワイシャツ	足・革靴	個・帽子

4．A：您要什么颜色的？　　　　B：我要 <u>红色</u> 的。

báisè	hēisè	lǜsè	lánsè	huángsè	kāfēisè
白色	黑色	绿色	蓝色	黄色	咖啡色
白	黒	緑	青	黄色	コーヒーブラウン

II 次の日本語を読み、口頭で中国語に訳しなさい。

1．A：これはそれよりいくら安いですか。

　　B：30元安いです。いかがでしょうか。

　　A：50元安かったら、買います。

2．A：彼は君よりいくつ年上ですか。

　　B：彼は私より2つ年上です。

　　A：それなら僕と一緒です。

3．A：貴方の大学ではタバコを吸ってもいいですか。

　　B：私の大学ではタバコを吸ってはいけません。

ドリルA

4．A：あの赤い服はどこで買ったのですか。

　　B：夏休みに香港で買ったのです。

5．A：疲れましたか。

　　B：全然疲れていません。

Ⅲ 中国語を聞き、問1〜問5に対する答えとして最も適当なものを①〜④の中から1つ選びなさい。

B 50　　問1．一共花了多少钱？　　　　①　　②　　③　　④

B 51　　問2．我买的毛衣是什么颜色的？　①　　②　　③　　④

B 52　　問3．我买的帽子是多少钱？　　①　　②　　③　　④

B 53　　問4．我是什么时候去的上海？　①　　②　　③　　④

B 54　　問5．小李比我大几岁？　　　　①　　②　　③　　④

B 55 **Ⅳ** 録音を聞いてから朗読しなさい。

　　王府井大街有很多商店。我在那里买了一件衣服。衣服很便宜，才一百块钱，比日本的便宜多了。我很喜欢这件衣服的颜色。我还买了乌龙茶和茉莉花茶。乌龙茶比花茶贵一点儿。我一共花了三百五十块钱。

＊商店 shāngdiàn：店　　花 huā：使う

こまんChanコーナー

"绿色"の意味

"绿色 lǜsè"は緑の色のほかに、「安全で無汚染」、「環境にやさしい」という意味にも用いられています。

绿色食品	lǜsè shípǐn	自然食品
绿色食品标志	lǜsè shípǐn biāozhì	"绿色食品"認定マーク
绿色冰箱	lǜsè bīngxiāng	エコロジー冷蔵庫
绿色汽车	lǜsè qìchē	エコロジーカー

绿色食品标志

ドリル B

I 次の漢字にピンインをつけて、日本語の意味を書きなさい。

① 点心　　② 以前　　③ 便宜　　④ 热闹　　⑤ 夏天

⑥ 流利　　⑦ 知道　　⑧ 一共　　⑨ 抽烟　　⑩ 日元

II 1．（　）の語句を加えて、"(是)〜的"構文に書き直しなさい。

1) 我吃烤鸭了。（在北京）　　　　　Wǒ chī kǎoyā le.

2) 我们去看中国电影了。（昨天）　　Wǒmen qù kàn Zhōngguó diànyǐng le.

3) 她奶奶去韩国旅行了。（坐船）　　Tā nǎinai qù Hánguó lǚxíng le.

4) 我哥哥去广州出差了。（上星期二）Wǒ gēge qù Guǎngzhōu chūchāi le.

5) 我姐姐大学毕业了。（去年）　　　Wǒ jiějie dàxué bìyè le.

2．次の質問に否定形で答えなさい。

1) 这件比那件贵吗？　　　　　　Zhèi jiàn bǐ nèi jiàn guì ma?

2) 他棒球打得比你好吗？　　　　Tā bàngqiú dǎde bǐ nǐ hǎo ma?

3) 你是在高中学的汉语吗？　　　Nǐ shì zài gāozhōng xuéde Hànyǔ ma?

4) 可以休息吗？　　　　　　　　Kěyǐ xiūxi ma?

5) 你星期天可以来吗？　　　　　Nǐ xīngqītiān kěyǐ lái ma?

ドリルB

III 次の文を読み、漢字に書き直してから、日本語に訳しなさい。

1. Zhèi jiàn yīfu duōshao qián? —— Liǎngqiān sānbǎi rìyuán

2. Jīntiān máng bu máng? —— Jīntiān méiyou zuótiān máng.

3. Tài guì le. Kěyǐ piányi yìdiǎnr ma? —— Bùxíng.

4. Nǐ shì shénme shíhou lái de? —— Zuótiān shàngwǔ lái de.

5. Zhèi shuāng xié yìdiǎnr yě bú guì.

IV 次の文を中国語に訳しなさい。

1. これはいくらですか。

2. これはそれより少し高いです。

3. この服はあの服より500円安いです。

4. 今日は昨日ほど暑くありません。

5. ここはタバコを吸ってはいけません。

6. この靴はどこで買ったのですか。（"是〜的"を使う）

7. あなたたちはいつ北京に行ったのですか。（"是〜的"を使う）

8. この料理は少しも辛くありません。

復習 3

I 文法のまとめ

1. 前置詞　前置詞は介詞とも言い、語句の前に置き、前置詞フレーズを作る。
前置詞フレーズは述語の前に置き、述語を修飾し、その場所・方向・時間・対象・目的・比較などを表す。

在 p.43	場所	在〜 〜で	我 在咖啡馆 打工。 Wǒ zài kāfēiguǎn dǎgōng.	▶ 私は喫茶店でアルバイトをしています。
从 p.58	起点	从〜 〜から	从几号 开始放假？ Cóng jǐ hào kāishǐ fàngjià?	▶ 何日から休みになりますか。
到 p.58	到着点	到〜 〜まで	从周一 到周五 都有课。 Cóng zhōuyī dào zhōuwǔ dōu yǒu kè.	▶ 月曜日から金曜日まで毎日授業があります。
离 p.58	距離	A 离 B〜 A は B から〜	我家 离车站 不太远。 Wǒ jiā lí chēzhàn bú tài yuǎn.	▶ 私の家は駅からあまり遠くありません。
		离〜 〜まで	离考试 还有一个星期。 Lí kǎoshì hái yǒu yí ge xīngqī.	▶ 試験まで後一週間あります。
向 p.71	方向	向〜 〜へ(に)	向右 拐就是。 Xiàng yòu guǎi jiù shì.	▶ 右に曲がればすぐです。
往 p.71	方向	往〜 〜（に）	往前 走。 Wǎng qián zǒu.	▶ 前に向かって行ってください。
给 p.59	受け手	给〜 〜に	你 给她 打电话了没有？ Nǐ gěi tā dǎ diànhuà le méiyou?	▶ 彼女に電話をしましたか。
对 p.41	対象	对〜 〜に(対して)	我 对经济 很感兴趣。 Wǒ duì jīngjì hěn gǎn xìngqù.	▶ 私は経済にとても興味があります。
比 p.88	比較	比〜 〜より	那个 比这个 贵吗？ Nèige bǐ zhèige guì ma?	▶ あれはこれより値段が高いですか。
和 p.86	相手	和〜 〜と（に）	质量 和(／跟) 这个 一样。 Zhìliàng hé(/gēn) zhèige yíyàng.	▶ 質はこれと同じです。
跟 p.57		跟〜 〜と（に）	你 跟(／和) 他 有联系吗？ Nǐ gēn(/hé) tā yǒu liánxì ma?	▶ 彼と連絡をとりあっていますか。
为 p.117	目的	为〜 〜ために	为我们的友谊 干杯！ Wèi wǒmen de yǒuyì gānbēi!	▶ 私たちの友情のために乾杯しましょう。

94

2. 助動詞　述語の前に置き、能力・可能・願望・義務・必要などを表す。

会 p.50,111	可能	～することができる 訓練や学習により会得した技能	你 会 开车吗？ Nǐ huì kāichē ma?	▶ 車の運転ができますか。
	可能性	～するだろう 文末によく"的"を伴う。	他一定 会 来的。 Tā yídìng huì lái de.	▶ 彼はきっと来るでしょう。
能 p.73	可能	～することができる 条件・状況・能力から見る	星期天你 能 去吗？ Xīngqītiān nǐ néng qù ma?	▶ 日曜日に行くことができますか。
			能不能 便宜点儿？ Néng bu néng piányi diǎnr?	▶ 少し安くしていただけませんか。
可以 p.89	可能	～することができる "能"と言い換えられる。 否定——"不能"	明天你 可以 来吗？ Míngtiān nǐ kěyǐ lái ma?	▶ 明日来られますか。
			——我有事 不能 来。 Wǒ yǒu shì bù néng lái.	▶ 私は用事があって、来られません。
	許可	～してよい 否定——"不可以""不能"	这里 可以 抽烟吗？ Zhèli kěyǐ chōu yān ma?	▶ ここではタバコを吸ってよろしいですか。
			——不可以 抽烟。 Bù kěyǐ chōu yān.	▶ タバコを吸ってはいけません。
想 p.51	願望	～したい 否定——"不想"	你 想 吃面条吗？ Nǐ xiǎng chī miàntiáo ma?	▶ めん類が食べたいですか。
			——我 不想 吃面条。 Wǒ bù xiǎng chī miàntiáo.	▶ めん類は食べたくありません。
要 p.51	意志	～したい 否定——"不想"	你 要 看录像吗？ Nǐ yào kàn lùxiàng ma?	▶ ビデオを見たいですか。
			——我 不想 看。 Wǒ bù xiǎng kàn.	▶ 見たくありません。
	必要	～しなければならない 否定——"不用""不必"	要 买票吗？ Yào mǎi piào ma?	▶ 切符を買わなければなりませんか。
			——不用 买票。 Búyòng mǎi piào.	▶ 切符を買う必要がありません。
得 p.72	必要	～しなければならない 否定——"不用""不必" 話し言葉でよく使われる。	得 坐地铁吗？ Děi zuò dìtiě ma?	▶ 地下鉄に乗らなければなりませんか。
			——不用 坐地铁。 Búyòng zuò dìtiě.	▶ 地下鉄に乗る必要がありません。

II 長文読解 次の文を朗読してから、日本語に訳しなさい。

Wǒmen bāyuè zhōngxún qù Běijīng lǚyóu le. Zhōngguó liúxuéshēng Lǐ Míng yě huí Běijīng le. Tā zài Běijīng péi wǒmen yóulǎnle Tiān'ānmén Guǎngchǎng、Bādálǐng Chángchéng、Yíhéyuán、Tiāntán Gōngyuán hé Gùgōng. Gùgōng zhēn dà, wǒmen zài nàr wánrle wǔ、liù ge zhōngtóu.

Wǒmen zhùde fàndiàn lí Wángfǔjǐng Dàjiē bù zěnme yuǎn, zǒuzhe qù zhǐ xūyào shí fēn zhōng zuǒyòu. Wángfǔjǐng Dàjiē yǒu hěn duō shāngdiàn, rènaode hěn. Wǒ zài Wángfǔjǐng mǎile hǎoduō cháyè. Yīnwèi wǒ hěn xǐhuan hē Zhōngguóchá. Wǒ hái mǎile liǎng jiàn yīfu. Yí jiàn shì hóngsè de, yí jiàn shì hēisè de. Kuǎnshì hé yánsè dōu tǐng piàoliang de, jiàqian yě bú guì.

Zài Běijīng wǒmen chīle Běijīng kǎoyā、shuànyángròu、Sìchuāncài. Wǒ juéde Běijīng de Sìchuāncài bǐ Rìběn de làde duō. Wǒmen hái qùle Lǐ Míng jiā. Lǐ Míng de māma jiāo wǒmen bāole jiǎozi. Wǒmen bāo de jiǎozi hǎochī jí le. Yàoshi yǒu shíjiān dehuà, wǒ hái xiǎng qù yí tàng Běijīng.

我们八月中旬去北京旅游了。中国留学生李明也回北京了。他在北京陪我们游览了天安门广场、八达岭长城、颐和园、天坛公园和故宫。故宫真大，我们在那儿玩儿了五、六个钟头。

我们住的饭店离王府井大街不怎么远，走着去只需要十分钟左右。王府井大街有很多商店，热闹得很。我在王府井买了好多茶叶。因为我很喜欢喝中国茶。我还买了两件衣服。一件是红色的，一件是黑色的。款式和颜色都挺漂亮的，价钱也不贵。

在北京我们吃了北京烤鸭、涮羊肉、四川菜。我觉得北京的四川菜比日本的辣得多。我们还去了李明家。李明的妈妈教我们包了饺子。我们包的饺子好吃极了。要是有时间的话，我还想去一趟北京。

III 確認テスト

1. 初めに掲げた語句と声調の組み合わせが同じものを①〜④の中から1つ選びなさい。

1）味道　　① 日元　　② 兴趣　　③ 汉语　　④ 热闹
2）喜欢　　① 衣服　　② 饺子　　③ 车站　　④ 帽子
3）爱好　　① 电脑　　② 作业　　③ 日语　　④ 打工
4）可以　　① 手机　　② 水果　　③ 滑雪　　④ 好吃
5）附近　　① 地铁　　② 坐车　　③ 工作　　④ 电视

2. 次の文を中国語に訳しなさい。

1）興味を持っています。

　　あなたはなにに興味を持っていますか。

　　メールを送ります。

　　あなたは誰にメールを送りますか。

2）月曜日から金曜日まで。

　　私は月曜日から金曜日まで授業があります。

　　私の家は駅からあまり遠くありません。

　　授業が始まるまであと10分あります。

3）今日は暑いです。

　　今日は昨日より暑いです。

　　今日は昨日より少し暑いです。

　　今日は昨日ほど暑くありません。

4）歩いて行きます。

　　自転車に乗って行きます。

　　〜か、それとも〜か。

　　歩いて行きますか、それとも自転車で行きますか。

5） 私はサッカーをしたいです。

　　私はサッカーをすることができます。

　　私は今日はサッカーをすることができません。

　　私は今日みんなと一緒にサッカーをしなければなりなりません。

6） 行ってよろしいです。

　　行ってはいけません。

　　行かないでください。

　　行く必要はありません。

7） 映画を見ます。

　　買物をします。

　　買物に行きます。

　　私たちは映画を見てから、買物に行きましょう。

8） いつ買いますか。

　　いつ買ったのですか。

　　どこで買ったのですか。

　　誰が買ったのですか。

9） 中国語を話します。

　　彼は中国語を話すのがうまいです。

　　私は中国語を話すのが得意ではありません。

　　私は今日早く来ました。

10） もし〜ならば

　　値段が安いです。

　　２つ買います。

　　もし安ければ、私は２つ買います。

3. 次の各文の空欄を埋めるのに最も適当なものを①～④の中から1つ選びなさい。

1) 他（　　）中国文化很感兴趣。
　　① 给　　　② 对　　　③ 向　　　④ 跟

2) 你家（　　）车站远不远？
　　① 往　　　② 从　　　③ 向　　　④ 离

3) 现在（　　）黄金周还有两个星期。
　　① 离　　　② 向　　　③ 从　　　④ 往

4) 你是和谁一起去（　　）中国？
　　① 的　　　② 过　　　③ 着　　　④ 了

5) 这儿（　　）北海道那么冷。
　　① 比　　　② 和　　　③ 没有　　④ 跟

6) 今年冬天（　　）也不冷。
　　① 一点儿　② 一些　　③ 点儿　　④ 有点儿

7) 请（　　）在这里游泳！
　　① 不会　　② 不要　　③ 不能　　④ 不行

8) 她（　　）你一样，喜欢听音乐。
　　① 比　　　② 没有　　③ 跟　　　④ 有

9) 你歌唱（　　）真好听！
　　① 得　　　② 的　　　③ 了　　　④ 着

10) 我今天开车，（　　）喝酒。
　　① 不行　　② 不会　　③ 不能　　④ 不用

10 第10课 Dì shí kè 你在北京住了几天？

STEP 19

A：鈴木君　　B：山本さん

B 57

A: 山本，你 在 北京 玩儿得 怎么样？
Shānběn, nǐ zài Běijīng wánrde zěnmeyàng?

B: 玩儿得 可 开心 了。
Wánrde kě kāixīn le.

A: 你 在 北京 住了 几 天？
Nǐ zài Běijīng zhùle jǐ tiān?

B: 我 在 北京 住了 三 天。北京 真 好玩儿！
Wǒ zài Běijīng zhùle sān tiān. Běijīng zhēn hǎowánr!

A: 照相 了 没有？
Zhàoxiàng le méiyou?

B: 当然 照 了。
Dāngrán zhào le.

A: 可以 给 我 看看 吗？
Kěyǐ gěi wǒ kànkan ma?

B: 对不起，今天 我 没 带来。
Duìbuqǐ, jīntiān wǒ méi dàilai.

一言メモ

可 + 形容詞 + 了。　　　　とても～
可以给我看看吗？　　　　ちょっと見せてもらえませんか。

語句　ピンインをつけ、日本語の意味を調べなさい。

① 玩儿　　② 开心　　③ 住　　④ 几天　　⑤ 好玩儿

⑥ 照相　　⑦ 当然　　⑧ 照　　⑨ 对不起　　⑩ 带来

10

让我看一下。

STEP 20

A：山本さん　　B：鈴木君

B 58

A：
Zài Běijīng pāi de zhàopiàn, wǒ dōu dàilai le.
在 北京 拍 的 照片，我 都 带来 了。

B：
Ràng wǒ kàn yíxià. Zhèige chuānzhe qípáo de nǚháir shì nǐ ba?
让 我 看 一下。这个 穿着 旗袍 的 女孩儿 是 你 吧？

A：
Duì. Zhèi zhāng shì zài Tiāntán Gōngyuán pāi de.
对。这 张 是 在 天坛 公园 拍 的。

B：
Liǔshù xià zuòzhe jǐ ge wàiguórén. Tāmen zài gàn shénme?
柳树 下 坐着 几 个 外国人。他们 在 干 什么？

A：
Tāmen dōu shì liúxuéshēng, zhèngzài liànxí Hànyǔ huìhuà.
他们 都 是 留学生，正在 练习 汉语 会话。

B：
Chángchéng shang yóukè zhēn duō a!
长城 上 游客 真 多 啊！

A：
Tīngshuō yí dào jiéjiàrì, rén jiù gèng duō le.
听说 一 到 节假日，人 就 更 多 了。

B：
Tiān'ānmén、Gùgōng……,
天安门、故宫……,

Běijīng míngshèng gǔjì zhēn bù shǎo!
北京 名胜 古迹 真 不 少！

一言メモ

让我 + 動詞　　　私に〜させてください。
听说〜　　　　　聞くところによると〜

語句　ピンインをつけ、日本語の意味を調べなさい。

① 拍照片　② 旗袍　③ 穿　④ 柳树　⑤ 正在

⑥ 游客　⑦ 节假日　⑧ 更　⑨ 名胜古迹　⑩ 不少

POINT 10

B 59 1. 動態助詞 "了"　動詞 ＋ 了 ＋ 時間・回数・数量 ＋ 目的語　〜した　　p.59 参照

① ● 你在海南岛住了几天？　　　　　Nǐ zài Hǎinándǎo zhùle jǐ tiān?
　 ◇ 住了两天。　　　　　　　　　　Zhùle liǎng tiān.

② ● 第十课课文你朗读了吗？　　　　Dì shí kè kèwén nǐ lǎngdú le ma?
　 ◇ 昨天晚上我朗读了三遍。　　　　Zuótiān wǎnshang wǒ lǎngdúle sān biàn.

③ ● 你买了几本中文杂志？　　　　　Nǐ mǎile jǐ běn Zhōngwén zázhì?
　 ◇ 我只买了一本。　　　　　　　　Wǒ zhǐ mǎile yì běn.

B 60 2. 兼語文　述語の部分が２つの動詞から構成され、目的語₁が同時に動詞₂の主語にもなっている構文。使役の意味を持つ動詞 "让／叫" を用いた文も兼語文になる。否定詞は動詞₁の前につける。

A（主語）＋ 让／叫（動詞₁）＋ B（目的語₁・動詞₂の主語）＋ 動詞₂ ＋ 目的語₂

① ● 你去，还是不去？　　　　　　　Nǐ qù, háishi bú qù?
　 ◇ 让我考虑一下。　　　　　　　　Ràng wǒ kǎolǜ yíxià.

② ● 这次短期留学你参加吗？　　　　Zhèi cì duǎnqī liúxué nǐ cānjiā ma?
　 ◇ 不参加。我母亲不让我去。　　　Bù cānjiā. Wǒ mǔqin bú ràng wǒ qù.

③ ● 我喝酒了，不能开车。　　　　　Wǒ hē jiǔ le, bù néng kāichē.
　 ◇ 田中没喝酒，让她开吧。　　　　Tiánzhōng méi hē jiǔ, ràng tā kāi ba.

B 61 3. 方向補語　"来／去" は動詞の後に置き、動作の方向などを表す。
目的語は場所である場合、必ず "来／去" の前に置く。

① ● 护照你带来了吗？　　　　　　　Hùzhào nǐ dàilai le ma?
　 ◇ 带来了。　　　　　　　　　　　Dàilai le.

② ● 老李已经回去了吗？　　　　　　Lǎo Lǐ yǐjīng huíqu le ma?
　 ◇ 他还没回去。　　　　　　　　　Tā hái méi huíqu.

③ ● 快九点了，要上课了。　　　　　Kuài jiǔ diǎn le, yào shàngkè le.
　 ◇ 咱们进教室去吧。　　　　　　　Zánmen jìn jiàoshì qù ba.

補充語句　［方向補語(1)］

	shàng 上 上がる	xià 下 下りる	jìn 进 入る	chū 出 出る	huí 回 戻る	guò 过 通る	qǐ 起 起きる
来 くる	上来	下来	进来	出来	回来	过来	起来
去 いく	上去	下去	进去	出去	回去	过去	—

POINT 10

B 62 **4. 副詞"正在／正"**　正在／正 + 動詞 + 目的語 + (呢) ちょうど～しているところです

① ● 你们在干什么？　　　　　　　　　　Nǐmen zài gàn shénme?
　◇ 我们正在看雪景呢。　　　　　　　　Wǒmen zhèngzài kàn xuějǐng ne.

② ● 佐藤，你看见铃木了吗？　　　　　　Zuǒténg, nǐ kànjiàn Língmù le ma?
　◇ 铃木正打乒乓球呢。　　　　　　　　Língmù zhèng dǎ pīngpāngqiú ne.

③ ● 喂，李经理在吗？　　　　　　　　　Wéi, Lǐ jīnglǐ zài ma?
　◇ 他正在开会。您有事儿吗？　　　　　Tā zhèngzài kāihuì. Nín yǒu shìr ma?

B 63 **5. 助詞"着"**　動作・状態の持続を表す。

動詞 + 着 + 目的語　～している

① ● 外头正下着大雨呢。　　　　　　　　Wàitou zhèng xiàzhe dàyǔ ne.
　◇ 雨停了，再走吧。　　　　　　　　　Yǔ tíngle, zài zǒu ba.

② ● 戴着眼镜的是你哥哥吧？　　　　　　Dàizhe yǎnjìng de shì nǐ gēge ba?
　◇ 不是。他是我弟弟。　　　　　　　　Bú shì. Tā shì wǒ dìdi.

場所～に + 動詞 + 着～している／してある + 人・物事～が

③ ● 桌子上放着什么？　　　　　　　　　Zhuōzi shang fàngzhe shénme?
　◇ 桌子上放着一台电脑。　　　　　　　Zhuōzi shang fàngzhe yì tái diànnǎo.

B 64 **6. "一～，就…"**　～すると、(すぐ)…

① ● 这儿真热闹！　　　　　　　　　　　Zhèr zhēn rènao!
　◇ 是啊，一到节假日，人就很多。　　　Shì a, yí dào jiéjiàrì, rén jiù hěn duō.

② ● 你看见中村了吗？　　　　　　　　　Nǐ kànjiàn Zhōngcūn le ma?
　◇ 中村一下课就回家去了。　　　　　　Zhōngcūn yí xiàkè jiù huíjiā qù le.

③ ● 我每天一到六点就起床。　　　　　　Wǒ měi tiān yí dào liùdiǎn jiù qǐchuáng.
　◇ 你起得比我早。　　　　　　　　　　Nǐ qǐde bǐ wǒ zǎo.

補充語句　[方向補語(2)]

náqu	zǒushangqu	zǒujinqu	pǎoguoqu	zhànqilai	xiǎngqilai
拿去	走上去	走进去	跑过去	站起来	想起来
持っていく	歩いて上がっていく	入っていく	走っていく	立ち上がる	思い出す
nálai	zǒushanglai	zǒujinlai	pǎoguolai	xiàoqilai	lěngqilai
拿来	走上来	走进来	跑过来	笑起来	冷起来
持ってくる	歩いて上がってくる	入ってくる	走ってくる	笑い出す	寒くなってくる

第10课 —— 103

ドリルA

I ☐内の語句を用いて、下線の部分を入れ替え、会話の練習をしなさい。

1. A：<u>北京</u>怎么样？　　　　B：可<u>好玩儿</u>了。

Shànghǎi rènao	tā de nǚpéngyǒu piàoliang	zúqiú bǐsài jīngcǎi
上海・热闹	他的女朋友・漂亮	足球比赛・精彩
上海・賑やかだ	彼の恋人・美しい	サッカー試合・素晴らしい

2. A：你<u>住</u>了<u>几天</u>？　　　B：<u>住</u>了<u>三天</u>。

huā duōshao qián yíwàn rìyuán	kàn jǐ biàn liǎng biàn
花・多少钱・一万日元	看・几遍・两遍
使う・いくら・一万円	見る・何回・2回

3. A：<u>照片</u>带来了吗？　　　B：没带来。／带来了。

hùzhào	xuéshēngzhèng	chēpiào	jīpiào	cānkǎoshū	zázhì
护照	学生证	车票	机票	参考书	杂志
パスポート	学生証	乗車券	航空券	参考書	雑誌

4. A：你们在干什么？　　　　B：我们正在<u>练习汉语会话</u>呢。

pāizhào	cānguān Gùgōng	kàn bǐsài	dǎ lánqiú	chāhuā
拍照	参观故宫	看比赛	打篮球	插花
写真を撮る	故宮を見学する	試合を見る	バスケットボールをする	生け花をする

II 次の日本語を読み、口頭で中国語に訳しなさい。

1. A：夏休みにどこかへ行きましたか。

   B：北京に旅行しました。あなたは？

   A：私は夏休み中アルバイトをしていました。

2. A：北京に何泊しましたか。

   B：5泊しました。とても楽しく遊びました。

3. A：この写真はどこで撮ったのですか。

   B：李さんの家で撮ったのです。

ドリルA

4．A：ちょっと見せてください。

　　B：はい、どうぞ。

5．A：みんな何をしていますか。

　　B：中国語で会話の練習をしているところです。

Ⅲ 中国語を聞き、問1〜問5に対する答えとして最も適当なものを①〜④の中から1つ選びなさい。

B 65 　　問1．①　　　　②　　　　③　　　　④

B 66 　　問2．①　　　　②　　　　③　　　　④

B 67 　　問3．①　　　　②　　　　③　　　　④

B 68 　　問4．①　　　　②　　　　③　　　　④

B 69 　　問5．①　　　　②　　　　③　　　　④

B 70 Ⅳ 録音を聞いてから朗読しなさい。

　　　　我是今年暑假去北京旅游的。我在那儿住了三天，玩儿得可开心了。我还拍了好多照片。北京名胜古迹真不少！长城上游客很多，听说一到节假日，游客就更多了。

"标点符号 biāodiǎn fúhào"

　「、」は"顿号 dùnhào"（読点）と言い、並列を表し、日本語で「・中黒」を使うところに打ちます。「，」は"逗号 dòuhào"（コンマ）と言い、文中の切れ目を示します。

　「。」は"句号 jùhào"（句点）と言い、文の完結を示します。

　「？」は"问号 wènhào"（疑問符）と言い、疑問文の後につけます。

　「""」は"引号 yǐnhào"（引用符）で、「：」は"冒号 màohào"（コロン）で、「！」は"叹号 tànhào"（感嘆符）で、「……」は"省略号 shěnglüèhào"（省略符）です。

● 你有什么爱好？我爱好听音乐、唱歌。p.48
● 她笑着说："谢谢！" p.73
● 天安门、故宫……，北京名胜古迹真不少！p.101

第10课 —— 105

ドリルB

I 次の漢字にピンインをつけて、日本語の意味を書きなさい。

① 朗読　　② 杂志　　③ 外头　　④ 眼镜　　⑤ 电脑

⑥ 护照　　⑦ 教室　　⑧ 考虑　　⑨ 留学　　⑩ 母亲

II 1. （　）に"来"または"去"を入れ、日本語に訳しなさい。

1) 要上课了，咱们进教室（　）吧。　　Yào shàngkè le, zánmen jìn jiàoshì (　) ba.

2) 这件是从中国买回（　）的。　　Zhèi jiàn shì cóng Zhōngguó mǎihui (　) de.

3) 我在大厅等你，你快下（　）。　　Wǒ zài dàtīng děng nǐ, nǐ kuài xià (　).

4) 我家在八楼。坐电梯上（　）吧。　　Wǒ jiā zài bā lóu. Zuò diàntī shàng (　) ba.

5) 我爸还没回（　）呢。　　Wǒ bà hái méi huí (　) ne.

2. （　）の語句を加えて、"了"を使った文に書き直しなさい。

1) 我学习汉语。（昨晚／一个钟头）　　Wǒ xuéxí Hànyǔ. (zuówǎn/yí ge zhōngtóu)

2) 我买杂志。（上星期五／两本）　　Wǒ mǎi zázhì. (shàng xīngqīwǔ/liǎng běn)

3) 他学韩语。（在高中／一年）　　Tā xué Hányǔ. (zài gāozhōng/yì nián)

4) 我在这里等他。（昨天／半个小时）　　Wǒ zài zhèli děng tā. (zuótiān/bàn ge xiǎoshí)

5) 我在北京住。（小时候／两年）　　Wǒ zài Běijīng zhù. (xiǎo shíhou/liǎng nián)

ドリル B

III 次の文を読み、漢字に書き直してから、日本語に訳しなさい。

1. Nǐ zài Běijīng zhùle jǐ tiān? —— Wǒ zhùle liǎng tiān.

2. Yào shàngkè le, zánmen jìn jiàoshì qù ba.

3. Ràng wǒ kǎolǜ yíxià, hǎo ma?

4. Wàitou zhèng xiàzhe dàyǔ ne. —— Yǔ tíng le, zài zǒu ba.

5. Nǐ jīntiān yí xiàkè jiù huíqu ma? —— Shì de. Wǒ wǎnshang yǒu shì.

IV 次の文を中国語に訳しなさい。

1. 私は上海に２泊しました。

2. あの人はメガネを掛けています。

3. 机の上に雑誌が何冊か置いてあります。

4. もうすぐ９時です。はやく教室に入りましょう。

5. 姉はまだ帰ってきていません。

6. ちょっと考えさせてください。

7. 私は今日授業が終わると、すぐアルバイトに行きます。

8. 私たちはちょうど写真を撮っているところです。

11 第11课 Dì shíyī kè 你怎么又把词典弄丢了？

STEP 21

A：田中さん　　B：鈴木君

B 71

A: Língmù, nǐ zài gàn shénme ne?
铃木，你在干什么呢？

B: Wǒ zhèngzài zhǎo cídiǎn ne. Wǒ de diànzǐ cídiǎn bújiàn le.
我正在找词典呢。我的电子词典不见了。

A: Nǐ zěnme yòu bǎ cídiǎn nòngdiū le? Qù jiàoshì zhǎo le méiyou?
你怎么又把词典弄丢了？去教室找了没有？

B: Wǒ dào jiàoshì qù zhǎo le. Dànshì méi zhǎozháo.
我到教室去找了。但是没找着。

A: Huì bu huì wàngzài jiā li le?
会不会忘在家里了？

B: Bú huì ba. Tiánzhōng, nǐ de cídiǎn ràng wǒ yòng yíxià, xíng ma?
不会吧。田中，你的词典让我用一下，行吗？

A: Hěn bàoqiàn, wǒ de cídiǎn bèi Lín tóngxué jièzǒu le.
很抱歉，我的词典被林同学借走了。

B: Nà wǒ zài qù zhǎozhao kàn ba.
那我再去找找看吧。

一言メモ

不见了。	(ものが) なくなりました。
到 + 場所 + 去。	～に行きます。
忘在～了。	～に忘れました。
不会吧。	そんなはずはないでしょう。
找找看吧。	搜してみましょう。

語句　ピンインをつけ、日本語の意味を調べなさい。

① 电子词典　② 怎么　③ 又　④ 弄丢　⑤ 找

⑥ 找着　⑦ 用　⑧ 抱歉　⑨ 同学　⑩ 借走

11 我感冒了。

STEP 22

A：鈴木君　　B：山本さん

B 72

A： Zuótiān nǐ wèi shénme méi lái shàngkè?
昨天 你 为 什么 没 来 上课？

B： Yīnwèi qù yīyuàn kànbìng le, suǒyǐ méi lái shàngkè.
因为 去 医院 看病 了，所以 没 来 上课。

A： Nǐ zěnme le? Nǎr bù shūfu?
你 怎么 了？ 哪儿 不 舒服？

B： Wǒ gǎnmào le. Búdàn késou, hái yǒudiǎnr tóuténg.
我 感冒 了。 不但 咳嗽，还 有点儿 头疼。

A： Fāshāo le méiyou?
发烧 了 没有？

B： Fāshāo le, sānshíbā dù wǔ.
发烧 了，三十八 度 五。

Chīle yào, jīntiān hǎo duō le.
吃了 药，今天 好 多 了。

A： Nǐ yīnggāi zǎo diǎnr huíqu xiūxi xiūxi.
你 应该 早 点儿 回去 休息 休息。

B： Shì de. Wǒ xiǎng shàngwán kè jiù huíjiā shuìjiào.
是 的。 我 想 上完 课 就 回家 睡觉。

一言メモ

因为〜，所以…　　　〜なので、…
你怎么了？　　　　　どうしたのですか。
哪儿不舒服？　　　　どこか体の具合が悪いですか。
不但〜，还〜　　　　〜ばかりでなく、〜も

語句　ピンインをつけ、日本語の意味を調べなさい。

① 看病　② 不舒服　③ 感冒　④ 咳嗽　⑤ 头疼

⑥ 发烧　⑦ 吃药　⑧ 应该　⑨ 休息　⑩ 睡觉

POINT 11

B73 **1. "把"構文**　前置詞"把"を用いた文は物事をどう処置するかを表す動詞述語文の一種である。助動詞や否定詞などは"把"の前に置く。

主語 ＋ 把 ＋ 目的語～を ＋ 動詞 ＋ ほかの成分

① ● 小刘，钥匙呢？　　　　　　　　　Xiǎo Liú, yàoshi ne？
　 ◇ 对不起，我把钥匙弄丢了。　　　　Duìbuqǐ, wǒ bǎ yàoshi nòngdiū le.

② ● 你怎么没把相机带来？　　　　　　Nǐ zěnme méi bǎ xiàngjī dàilai？
　 ◇ 很抱歉，我忘了。　　　　　　　　Hěn bàoqiàn, wǒ wàng le.

③ ● 一起去看棒球比赛吧。　　　　　　Yìqǐ qù kàn bàngqiú bǐsài ba.
　 ◇ 不行。我得把这些作业做完。　　　Bùxíng. Wǒ děi bǎ zhèixiē zuòyè zuòwán.

B74 **2. 副詞"又"と"再"**　「また／もう一度」という動作・行為の重複を表す時に"又"は"又～了"の形で過去の動作に用い、"再"は未来の動作に用いる。

① ● 我又把手机弄丢了。　　　　　　　Wǒ yòu bǎ shǒujī nòngdiū le.
　 ◇ 什么时候弄丢的？　　　　　　　　Shénme shíhou nòngdiū de？

② ● 这个电影你又看了一遍吗？　　　　Zhèige diànyǐng nǐ yòu kànle yí biàn ma？
　 ◇ 是的。我还想再看一遍。　　　　　Shì de. Wǒ hái xiǎng zài kàn yí biàn.

③ ● 山田汉语说得真流利。　　　　　　Shāntián Hànyǔ shuōde zhēn liúlì.
　 ◇ 是啊。老师今天又表扬她了。　　　Shì a. Lǎoshī jīntiān yòu biǎoyáng tā le.

B75 **3. 疑問詞"怎么"**　　方法を問う。　怎么＋動詞（肯定形）　どのように～する
　　　　　　　　　　　　　　理由を問う。　怎么＋動詞・形容詞　どうして／なぜ～

① ● 老师，这个字怎么念？　　　　　　Lǎoshī, zhèige zì zěnme niàn？
　 ◇ 念"shén"。　　　　　　　　　　　Niàn "shén".

② ● 念得不对。请再念一遍。　　　　　Niànde bú duì. Qǐng zài niàn yí biàn.
　 ◇ 这个字怎么这么难念？　　　　　　Zhèige zì zěnme zhème nánniàn？

③ ● 你昨天怎么没来？　　　　　　　　Nǐ zuótiān zěnme méi lái？
　 ◇ 我感冒了。　　　　　　　　　　　Wǒ gǎnmào le.

補充語句［疑問詞］

shuí(shéi)	nǎ wèi(něi wèi)	shénme	nǎge(něige)	nǎxiē(něixiē)	nǎli	nǎr	shénme dìfang
谁	哪位	什么	哪个	哪些	哪里	哪儿	什么 地方
だれ	どなた	なに・なんの	どれ・どの	どれら	どこ	どこ	どこ

shénme shíhou	jǐ yuè	jǐ hào	xīngqī jǐ	jǐ diǎn	duōshao	jǐ	zěnmeyàng	zěnme
什么 时候	几月	几号	星期几	几点	／多少	几	／怎么样	怎么
いつ	何月	何日	何曜日	何時	どれくらい	いくつ	どう	どのように・なぜ

110 —— Dì shíyī kè

4. "被" 構文

前置詞 "被／让／叫" を用いた文は受身表現の一種である。"让／叫" は話し言葉に用いられ、Bが省略できない。否定詞は "被／让／叫" の前に置く。

A ＋ 被（＋B）・让／叫＋B ＋ 動詞＋ほかの成分　　AはBによって～される。

① ● 你的词典呢？　　　　　　　　　　Nǐ de cídiǎn ne?
　◇ 我的词典被小林借走了。　　　　　Wǒ de cídiǎn bèi Xiǎolín jièzǒu le.

② ● 我的自行车被偷了。　　　　　　　Wǒ de zìxíngchē bèi tōu le.
　◇ 你的车没被偷走，在那边儿。　　　Nǐ de chē méi bèi tōuzǒu, zài nàbianr.

③ ● 你好像没精神，怎么了？　　　　　Nǐ hǎoxiàng méi jīngshen, zěnme le?
　◇ 我让老师批评了一顿。　　　　　　Wǒ ràng lǎoshī pīpíngle yí dùn.

5. 助動詞 "会"　可能性を表す。

会 ＋ 動詞 ＋ 目的語 ＋（的）　～だろう／～するはずだ

① ● 会不会忘在教室里了？　　　　　　Huì bu huì wàngzài jiàoshì li le?
　◇ 不会吧。　　　　　　　　　　　　Bú huì ba.

② ● 今天会下雨吗？　　　　　　　　　Jīntiān huì xià yǔ ma?
　◇ 今天不会下雨的。　　　　　　　　Jīntiān bú huì xià yǔ de.

③ ● 他会来吗？　　　　　　　　　　　Tā huì lái ma?
　◇ 他一定会来的。　　　　　　　　　Tā yídìng huì lái de.

6. 結果補語

結果補語は動詞または形容詞からなり、動詞の後に置き、動作の結果を表す。

動詞 ＋ 結果補語（動詞／形容詞）　　否定は "没（有）" を用いる。

① ● 你看见小张了吗？　　　　　　　　Nǐ kànjiàn Xiǎo Zhāng le ma?
　◇ 没看见。　　　　　　　　　　　　Méi kànjiàn.

② ● 你听懂了吗？　　　　　　　　　　Nǐ tīngdǒng le ma?
　◇ 我没听懂，请再说一遍。　　　　　Wǒ méi tīngdǒng, qǐng zài shuō yí biàn.

③ ● 作业做好了没有？　　　　　　　　Zuòyè zuòhǎo le méiyou?
　◇ 还没呢。我做完了就去。　　　　　Hái méi ne. Wǒ zuòwánle jiù qù.

補充語句 ［結果補語］

kàndǒng	tīngdǒng	chīwán	hēwán	shuōcuò	xiěcuò	zuòhǎo
看懂	听懂	吃完	喝完	说错	写错	做好
読んで分かる	聞いて分かる	食べ終わる	飲み終わる	言い間違える	書き間違える	やり終える

kànjiàn	tīngjiàn	zhǎozháo	mǎizháo	zhǎodào	mǎidào	jièzǒu	qízǒu
看见	听见	找着	买着	找到	买到	借走	骑走
目に入る	耳に入る	見つける	手に入る	見つける	手に入る	借りていく	乗っていく

ドリル A

I 　内の語句を用いて、下線の部分を入れ替え、会話の練習をしなさい。

1. A：你的 <u>词典</u> 找着了没有？　　B：找着了。／没找着。

shūbāo	qiánbāo	shǒujī	yuèpiào	hùzhào	xíngli
书包	钱包	手机	月票	护照	行李
通学用の鞄	財布	携帯電話	定期券	パスポート	荷物

2. A：<u>词典</u> 会不会忘在 <u>家里</u> 了？　　B：不会吧。

yàoshi　chōuti li	běnzi　zhuōzi shang	sǎn　chē li
钥匙・抽屉　里	本子・桌子　上	伞・车　里
鍵・引き出しの中	ノート・机の上	傘・車の中

3. A：让我用一下你的 <u>词典</u>，好吗？　　B：很抱歉！我的 <u>词典</u> 被借走了。

qiānbǐ	yuánzhūbǐ	gāngbǐ	kèběn	qiúpāi	yǔsǎn
铅笔	圆珠笔	钢笔	课本	球拍	雨伞
鉛筆	ボールペン	ペン	テキスト	ラケット	雨傘

4. A：你哪儿不舒服？　　B：我 <u>头疼</u>。

yá téng	sǎngzi téng	yāo tòng	késou	lā dùzi	wèikǒu bù hǎo
牙 疼	嗓子 疼	腰 痛	咳嗽	拉 肚子	胃 口 不 好
歯が痛い	喉が痛い	腰が痛い	咳をする	腹をこわす	食欲がない

II 次の日本語を読み、口頭で中国語に訳しなさい。

1. A：あなたの教科書は？

    B：教科書を家に忘れてきました。

2. A：月曜日はどうして学校に来なかったの？

    B：ちょっと体の調子が悪かったのです。

3. A：どうしたんですか。どこか体の具合が悪いですか。

    B：ちょっと風邪気味です。

    A：早く帰って休んでください。

ドリル A

4．A：熱がありますか。

　B：38度です。

5．A：病院に行きましたか。

　B：まだです。授業が終わったら、行こうと思っています。

Ⅲ　中国語を聞き、問1～問5に対する答えとして最も適当なものを①～④の中から1つ選びなさい。

B 79　　問1．①　　　　②　　　　③　　　　④

B 80　　問2．①　　　　②　　　　③　　　　④

B 81　　問3．①　　　　②　　　　③　　　　④

B 82　　問4．①　　　　②　　　　③　　　　④

B 83　　問5．①　　　　②　　　　③　　　　④

B 84　Ⅳ　録音を聞いてから朗読しなさい。

　　我感冒了，不但头疼、咳嗽，还有点儿发烧。昨天因为去医院看病了，所以没来学校上课。医生说吃了药，好好儿休息，就会好的。我觉得今天比昨天好多了。老师让我早点儿回去休息。我打算一上完课就回家睡觉。　＊医生 yīshēng：医者

こまんChanコーナー

中国の主な法定祝祭日

新暦1月1日	新年 Xīnnián（元旦 Yuándàn）正月	休みは1日です。
旧暦1月1日	春节 Chūnjié（农历新年 nónglì xīnnián）旧正月	休みは3日間です。
	旧正月は「春節」と言い、中国でもっとも賑やかな伝統行事です。	
新暦4月4日～6日頃	清明节 Qīngmíng Jié　清明節	休みは1日です。
新暦5月1日	国际劳动节 Guójì Láodòng Jié　メーデー	休みは1日です。
旧暦5月5日	端午节 Duānwǔ Jié　端午節	休みは1日です。
旧暦8月15日	中秋节 Zhōngqiū Jié　中秋節	休みは1日です。
新暦10月1日	国庆节 Guóqìng Jié　建国記念日（中華人民共和国は1949年10月1日に誕生）休みは3日間です。"十一黄金周 Shí-Yī huángjīnzhōu"は国慶節期間の大型連休のことです。	

第11课 —— 113

ドリル B

I 次の漢字にピンインをつけて、日本語の意味を書きなさい。

①好像　　②钥匙　　③相机　　④棒球　　⑤作业

_____　_____　_____　_____　_____

_____　_____　_____　_____　_____

⑥词典　　⑦感冒　　⑧下雨　　⑨表扬　　⑩听懂

_____　_____　_____　_____　_____

_____　_____　_____　_____　_____

II 1．与えられた日本語の意味になるように①〜④の語句を並べ替えなさい。

1) 私の自転車は弟に乗っていかれました。　①骑走了　②弟弟　③我的自行车　④让
　 _____ _____ _____ _____ 。

2) 私の財布はスーパーで盗られました。　①被　②超市　③在　④偷了
　 我的钱包_____ _____ _____ _____ 。

3) 今日の宿題をまだ仕上げていません。　①今天的作业　②做完　③把　④还没
　 我_____ _____ _____ _____ 。

4) あの映画をまた見ました。　①一遍　②了　③看　④又
　 那个电影我 _____ _____ _____ _____ 。

5) この小説をもう一度読みたいです。　①再　②一遍　③想　④看
　 这本小说我_____ _____ _____ _____ 。

2．次の文を"把"構文に書き直して、日本語に訳しなさい。

1) 妈妈已经做好了晚饭。　　Māma yǐjīng zuòhǎole wǎnfàn.

2) 我想打扫一下房间。　　Wǒ xiǎng dǎsǎo yíxià fángjiān.

3) 我没带来照相机。　　Wǒ méi dàilai zhàoxiàngjī.

4) 我不愿意告诉他我的地址。　Wǒ bú yuànyì gàosu tā wǒ de dìzhǐ.

5) 请给我退烧药。　　Qǐng gěi wǒ tuìshāoyào.

ドリル B

Ⅲ 次の文を読み、漢字に書き直してから、日本語に訳しなさい。

1．Hěn bàoqiàn, wǒ wàngle bǎ xiàngjī dàilai le.

2．Zhèige diànyǐng hěn yǒu yìsi, wǒ yòu kànle yí biàn.

3．Nǐ de cídiǎn huì bu huì wàngzài túshūguǎn li le?

4．Wǒ méi tīngdǒng, qǐng zài shuō yí biàn.

5．Wǒ jīntiān bù shūfu, yǒudiǎnr tóuténg.

Ⅳ 次の文を中国語に訳しなさい。

1．彼はパスポートをなくしたそうです。（"把"を使う）

2．私は傘を持ってきました。（"把"を使う）

3．すみません、もう一度話してください。

4．私は今日また遅刻しました。

5．もうすぐ12時です。どうしてまだ行かないのですか。

6．彼女はきっと来るはずです。

7．私の自転車は兄に乗っていかれました。

8．この小説を読み終わりましたか。

12 第12课 Dì shí'èr kè 你学了多长时间汉语了？

STEP 23

A：李君　　B：田中さん

B 85

A：Nǐ xuéle duō cháng shíjiān Hànyǔ le?
你 学了 多 长 时间 汉语 了？

B：Kuài yì nián le.
快 一 年 了。

A：Hànyǔ zěnmeyàng? Nán bu nán?
汉语 怎么样？ 难 不 难？

B：Suīrán Hànyǔ yuè xué yuè nán, búguò wǒ juéde tǐng yǒu yìsi de.
虽然 汉语 越 学 越 难，不过 我 觉得 挺 有 意思 的。

A：Jiǎndān de rìcháng huìhuà, nǐ yǐjīng néng tīngdǒng le ba?
简单 的 日常 会话， 你 已经 能 听懂 了 吧？

B：Rúguǒ shuōde kuài, yǒuxiē huà hái tīngbudǒng.
如果 说得 快， 有些 话 还 听不懂。

A：Duō tīng duō shuō shì xuéhǎo wàiyǔ de hǎo fāngfǎ.
多 听 多 说 是 学好 外语 的 好 方法。

B：Shì de. Jīnhòu wǒ děi gèngjiā nǔlì de xuéxí Hànyǔ.
是 的。 今后 我 得 更加 努力 地 学习 汉语。

一言メモ

快一年了。　　　　　　　　　もうすぐ１年になります。
可能を表す表現 ＋了。　　　　～できるようになりました。
多听多说。　　　　　　　　　たくさん聞き、たくさん話します。

語句　ピンインをつけ、日本語の意味を調べなさい。

① 虽然　　② 有意思　　③ 简单　　④ 如果　　⑤ 听不懂

⑥ 有些　　⑦ 外语　　　⑧ 今后　　⑨ 更加　　⑩ 努力

12 为我们的友谊，干杯！

STEP 24

A：山本さん　　B：鈴木君　　C：李君

B 86

A： Xiǎo Lǐ, Zhù nǐ shēngrì kuàilè!
　　小 李， 祝 你 生日 快乐！

B： Zhè shì dàjiā gěi nǐ de shēngrì lǐwù, qǐng shōuxià ba.
　　这 是 大家 给 你 的 生日 礼物，请 收下 吧。

C： Xièxie dàjiā. Qǐng zuò! Wǒmen yìbiān chī yìbiān liáo ba.
　　谢谢 大家。请 坐！我们 一边 吃 一边 聊 吧。

A： Shíjiān guòde zhēn kuài! Tīngshuō nǐ yào huíguó le, shì ma?
　　时间 过得 真 快！听说 你 要 回国 了，是 吗？

C： Shì de. Wǒ xià ge yuè jiù yào huí Běijīng qù le.
　　是 的。我 下 个 月 就 要 回 北京 去 了。

A： Wǒmen yǐhòu kěyǐ fā yīmèir bǎochí liánxì.
　　我们 以后 可以 发 伊妹儿 保持 联系。

C： Yǒu jīhui lái Běijīng dehuà, wǒ qǐng dàjiā chī kǎoyā.
　　有 机会 来 北京 的话，我 请 大家 吃 烤鸭。

　　Lái, wèi wǒmen de yǒuyì, gānbēi!
　　来，为 我们 的 友谊，干杯！

A
B： Gānbēi!
C　　干杯！

一言メモ

祝你生日快乐！　　　お誕生日おめでとうございます。
有机会来北京。　　　北京を訪れる機会があります。
我请大家吃烤鸭。　　みなさんに北京ダックをご馳走します。

語句　ピンインをつけ、日本語の意味を調べなさい。

① 祝　　② 生日　　③ 礼物　　④ 收下　　⑤ 过

⑥ 聊　　⑦ 发伊妹儿　　⑧ 烤鸭　　⑨ 为　　⑩ 友谊

1. 2つの"了"の併用　　動作・行為が現時点まで続いていることを表す。

| 動詞 ＋ 了 ＋ 時間・回数・数量 ＋ 目的語 ＋ 了 | ～している／～した |
| (動詞) ＋ 目的語 ＋ 動詞 ＋ 了 ＋ 時間・回数・数量 ＋ 了 | ～している／～した |

① ● 你学了多长时间汉语了？　　Nǐ xuéle duō cháng shíjiān Hànyǔ le?
　◇ 我汉语学了十个月了。　　Wǒ Hànyǔ xuéle shí ge yuè le.

② ● 这篇课文你念了几遍了？　　Zhèi piān kèwén nǐ niànle jǐ biàn le?
　◇ 我已经念了两遍了。　　Wǒ yǐjīng niànle liǎng biàn le.

③ ● 你借了几本参考书了？　　Nǐ jièle jǐ běn cānkǎoshū le?
　◇ 借了三本了，还想借一本。　　Jièle sān běn le, hái xiǎng jiè yì běn.

2. 副詞"越"　　越～越…　～すればするほど…

① ● 你觉得汉语怎么样？　　Nǐ juéde Hànyǔ zěnmeyàng?
　◇ 我觉得汉语越学越有意思。　　Wǒ juéde Hànyǔ yuè xué yuè yǒu yìsi.

② ● 我说的话你听懂了吗？　　Wǒ shuō de huà nǐ tīngdǒng le ma?
　◇ 你越说越快，我没听懂。　　Nǐ yuè shuō yuè kuài, wǒ méi tīngdǒng.

③ ● 雨越下越大了。怎么办呢？　　Yǔ yuè xià yuè dà le. Zěnme bàn ne?
　◇ 去不去，你决定吧。　　Qù bu qù, nǐ juédìng ba.

3. 構造助詞"地"　　修飾関係を表す。　　形容詞など ＋ 地 ＋ 動詞

① ● 这次汉语考试成绩怎么样？　　Zhèi cì Hànyǔ kǎoshì chéngjì zěnmeyàng?
　◇ 不好。今后我得认真地学习。　　Bù hǎo. Jīnhòu wǒ děi rènzhēn de xuéxí.

② ● 我汉语听力不太好。　　Wǒ Hànyǔ tīnglì bú tài hǎo.
　◇ 那我慢慢儿地说。　　Nà wǒ mànmānr de shuō.

③ ● 能不能给我们介绍介绍？　　Néng bu néng gěi wǒmen jièshào jièshào?
　◇ 好。我来简单地介绍一下。　　Hǎo. Wǒ lái jiǎndān de jièshào yíxià.

補充語句　［可能補語］

mǎidedào	tīngdedǒng	tīngdeqīngchu	huídelái	qǐdelái	láideliǎo
买得到	听得懂	听得清楚	回得来	起得来	来得了
買える	聞き取れる	はっきりと聞き取れる	帰ってこられる	起きられる	来られる
mǎibudào	tīngbudǒng	tīngbuqīngchu	huíbulái	qǐbulái	láibuliǎo
买不到	听不懂	听不清楚	回不来	起不来	来不了
買えない	聞き取れない	はっきりと聞き取れない	帰ってこられない	起きられない	来られない

B 90 **4．可能補語** 結果補語か方向補語の前に"得"がくると、可能補語になり、可能を表す。
否定形は"得"を取り除き、"不"を入れる。

動詞 ＋ 得／不 ＋ 結果補語・方向補語

① ● 你听得懂广东话吗？ 　　　　　Nǐ tīngdedǒng Guǎngdōnghuà ma？
　◇ 听不懂。请用普通话说。　　　　Tīngbudǒng. Qǐng yòng pǔtōnghuà shuō.

② ● 你看得懂中文报吗？　　　　　　Nǐ kàndedǒng Zhōngwén bào ma？
　◇ 我还看不懂。　　　　　　　　　Wǒ hái kànbudǒng.

③ ● 早上五点你起得来起不来？　　　Zǎoshang wǔ diǎn nǐ qǐdelái qǐbulái？
　◇ 太早了，我起不来。　　　　　　Tài zǎo le, wǒ qǐbulái.

B 91 **5．"一边～ 一边…"** 「～しながら、…する」という意味で、2つの動作が同時に進行することを表す。

① ● 我们一边吃一边聊天儿吧。　　　Wǒmen yìbiān chī yìbiān liáotiānr ba.
　◇ 行。你别客气，多吃点儿。　　　Xíng. Nǐ bié kèqi, duō chī diǎnr.

② ● 一边听音乐，一边做作业吧。　　Yìbiān tīng yīnyuè, yìbiān zuò zuòyè ba.
　◇ 好。我们听什么音乐？　　　　　Hǎo. Wǒmen tīng shénme yīnyuè？

③ ● 我爱一边吃饭，一边看电视。　　Wǒ ài yìbiān chīfàn, yìbiān kàn diànshì.
　◇ 我也是。　　　　　　　　　　　Wǒ yě shì.

B 92 **6．"～, 是吗？／是不是？"** 物事を確かめる疑問文。

① ● 听说你要回国了，是吗？　　　　Tīngshuō nǐ yào huíguó le, shì ma？
　◇ 是的。我后天就要回去了。　　　Shì de. Wǒ hòutiān jiù yào huíqu le.

② ● 明天你来不了，是不是？　　　　Míngtiān nǐ láibuliǎo, shì bu shì？
　◇ 不。明天我没事儿，来得了。　　Bù. Míngtiān wǒ méi shìr, láideliǎo.

③ ● 她已经结婚了，是不是？　　　　Tā yǐjīng jiéhūn le, shì bu shì？
　◇ 是的。她是去年秋天结婚的。　　Shì de. Tā shì qùnián qiūtiān jiéhūn de.

補充語句　[祝う言葉]

Xīnnián hǎo! Zhù xīnnián yúkuài! 新年 好！祝 新年 愉快！ 新年おめでとうございます	Zhù Shèngdàn Jié huānlè! 祝 圣诞 节 欢乐！ メリー・クリスマス	Zhù nǐ shēngrì kuàilè! 祝 你 生日 快乐！ お誕生日おめでとうございます
Zhù nǐ shēntǐ jiànkāng! 祝 你 身体 健康！ ご健康を祈っています	Zhù nǐ qǔdé hǎo chéngjì! 祝 你 取得 好 成绩！ よい成績が取れることを祈っています	Zhù nǐ píng'ān 祝 你 平安！ ご無事を祈っています

ドリルA

I ☐ 内の語句を用いて、下線の部分を入れ替え、会話の練習をしなさい。

1. A：你 <u>学汉语</u> <u>学</u> 了多长时间了？　　B：我 <u>学</u> 了 <u>一年</u> 了。

xué Yīngyǔ qī nián	dǎ wǎngqiú liǎng nián	dǎgōng liǎng ge yuè
学 英语・七年	打 网球・两 年	打工・两 个 月
英語を習う・7年	テニスをする・2年	アルバイトをする・2ヶ月

2. A：<u>汉语</u> 怎么样？　　B：越 <u>学</u> 越 <u>难</u>。

Yīngyǔ gē chàng yǒu yìsi	zhèi zhǒng qiǎokèlì chī hǎochī
英语 歌・唱・有意思	这 种 巧克力・吃・好吃
英語の歌・歌う・面白い	このチョコレート・食べる・美味しい

3. A：时间过得真快啊！　　B：是啊！快过 <u>新年</u> 了。

Shèngdàn Jié	Qíngrén Jié	Chūnjié	Zhōngqiū Jié	Guóqìng Jié
圣诞 节	情人 节	春节	中秋 节	国庆 节
クリスマス	バレンタインデー	旧正月	中秋節	建国記念日

4. A：我喜欢一边 <u>吃饭</u>，一边 <u>看电视</u>。　　B：我也是。

hē kāfēi	kàn bào	tīng yīnyuè	zuò zuòyè	tán jítā	chàng gē
喝 咖啡	看 报	听 音乐	做 作业	弹 吉他	唱 歌
コーヒーを飲む	新聞を読む	音楽を聴く	宿題をする	ギターを弾く	歌を歌う

II 次の日本語を読み、口頭で中国語に訳しなさい。

1. A：英語をどれくらい勉強していますか。

   B：7年間勉強していますが、まだうまく話せません。

2. A：中国語が難しいですか、それとも英語が難しいですか。

   B：中国語は英語ほど難しくないと思います。

   A：私は中国語も英語も難しいと思います。

3. A：中国語がしゃべれますか。

   B：簡単な日常会話しかできません。

ドリルA

4．A：私はよくテレビを見ながら、食事をします。

　B：私もそうです。

5．A：これからメールで連絡しあいましょう。

　B：北京に来る機会があったら、ぜひとも私の家に遊びに来てください。

Ⅲ　中国語を聞き、問1〜問5に対する答えとして最も適当なものを①〜④の中から1つ選びなさい。

B 93　　問1．①　　　　②　　　　③　　　　④

B 94　　問2．①　　　　②　　　　③　　　　④

B 95　　問3．①　　　　②　　　　③　　　　④

B 96　　問4．①　　　　②　　　　③　　　　④

B 97　　問5．①　　　　②　　　　③　　　　④

B 98　Ⅳ　録音を聞いてから朗読しなさい。

　　我学了一年汉语了。虽然汉语越学越难，但是我觉得挺有意思的。现在我不但会说一点儿汉语，还能听懂一些简单的日常会话了。今后我要更加努力地学习汉语。我的中国朋友要回国了。如果有机会去北京的话，我一定到他家去玩儿。

＊一些 yìxiē：少し

外来語の意味を当ててみよう

1．伊妹儿 yīmèir　　2．巴士 bāshì　　3．香波 xiāngbō　　4．卡拉 kǎlā OK
5．因特网 yīntèwǎng　6．热狗 règǒu　　7．俱乐部 jùlèbù　　8．多媒体 duōméitǐ
9．保龄球 bǎolíngqiú　10．迷你裙 mínǐqún　11．啤酒 píjiǔ　　12．比萨饼 bǐsàbǐng
13．信用卡 xìnyòngkǎ　14．电脑 diànnǎo　15．数码相机 shùmǎ xiàngjī

①バス　②デジタルカメラ　③コンピューター　④ホットドッグ　⑤メール　⑥クラブ
⑦クレジットカード　⑧ミニスカート　⑨インターネット　⑩マルチメディア　⑪ピザ
⑫ビール　⑬ボーリング　⑭カラオケ　⑮シャンプー

ドリル B

I 次の漢字にピンインをつけて、日本語の意味を書きなさい。

① 觉得　　② 外语　　③ 中文　　④ 回国　　⑤ 结婚

⑥ 决定　　⑦ 成绩　　⑧ 认真　　⑨ 介绍　　⑩ 简单

II 1．次の各文の空欄を埋めるのに最も適当な語を①〜④の中から1つ選びなさい。

1) 我的自行车（　　）借走了。
　　① 把　　② 叫　　③ 让　　④ 被

2) 我来简单（　　）介绍一下。
　　① 地　　② 得　　③ 了　　④ 的

3) 他们正在看录像（　　）。
　　① 吗　　② 呢　　③ 了　　④ 的

4) 这个电影很有意思。我（　　）想看一遍。
　　① 又　　② 再　　③ 还　　④ 都

5) 我在北海道住（　　）两天。
　　① 着　　② 得　　③ 了　　④ 地

2．次の質問に否定形で答えなさい。

1) 你看得懂英文报吗？　　　　Nǐ kàndedǒng Yīngwén bào ma？

2) 黑板上的字，你看得清楚吗？　Hēibǎn shang de zì, nǐ kàndeqīngchu ma？

3) 你下午三点半回得来吗？　　Nǐ xiàwǔ sān diǎn bàn huídelái ma？

4) 你今天做得完吗？　　　　　Nǐ jīntiān zuòdewán ma？

5) 你听得懂上海话吗？　　　　Nǐ tīngdedǒng Shànghǎihuà ma？

ドリルB

III 次の文を読み、漢字に書き直してから、日本語に訳しなさい。

1. Wǒ yǐjīng xuéle yì nián Hànyǔ le, búguò hái shuōde bù hǎo.

2. Wǒ juéde zhèi běn shū yuè kàn yuè yǒu yìsi.

3. Wǒ lái jiǎndān de jièshào yíxià wǒmen dàxué.

4. Tīngshuō tā jiějie kuàiyào jiéhūn le, shì ma?

5. Duō tīng duō shuō shì xuéhǎo wàiyǔ de hǎo fāngfǎ.

IV 次の文を中国語に訳しなさい。

1. お誕生日おめでとうございます。

2. 私は中国語を１年間習っています。

3. やればやるほど面白いです。

4. 中国語が聞き取れますか。

5. 私は中国語の新聞をまだ読めません。

6. 彼女はもうすぐ結婚するそうですよね。

7. 私はよく音楽を聴きながら、宿題をします。

8. 私たちは真面目に勉強しなければなりません。

復習 4

I 文法のまとめ

1. 語気助詞 "啊" "吧" "的" "吗" "呢"　　文末に置き、いろいろな語気を表す。

啊	感嘆の意を表す。 "真～啊！"本当に～ですね　p.56	真羡慕你 啊！ Zhēn xiànmù nǐ a!	▶ 本当に羨ましいですね。
吧	命令の語気をやわらげる。　p.80 推測の語気を表す。　p.80 ～だろう 意志・勧誘の語気を表す。　p.80 ～しよう	你点菜 吧！ Nǐ diǎn cài ba! 这个菜很辣 吧？ Zhèige cài hěn là ba? 咱们一起去看 吧。 Zánmen yìqǐ qù kàn ba.	▶ 料理を注文してください。 ▶ この料理は辛いでしょう？ ▶ 一緒に見に行きましょう。
的	すでに発生したことに用いる。 "是～的"～したのだ　p.89 助動詞 "会" と一緒に使う。 "会～的"～するだろう　p.111 副詞 "挺" と一緒に使う。 "挺～的"とても～　p.79	你 是 在哪儿买 的？ Nǐ shì zài nǎr mǎi de? 他一定 会 来 的。 Tā yídìng huì lái de. 辣是辣，不过 挺 好吃 的。 Là shì là, búguò tǐng hǎochī de.	▶ どこで買ったのですか。 ▶ 彼はきっと来るでしょう。 ▶ 辛いことは辛いが、とても美味しいです。
吗	疑問を表す。　p.35	你好 吗？ Nǐ hǎo ma?	▶ お元気ですか。
呢	疑問詞のある文に用いる。　p.48 省略型疑問文 ～呢？　～は？　p.42 "正在／在／着" と併用し、 動作や状態の継続を表す。　p.103	什么时候去 呢？ Shénme shíhou qù ne? 我下午去。你 呢？ Wǒ xiàwǔ qù. Nǐ ne? 我们 正在 看雪景 呢。 Wǒmen zhèngzài kàn xuějǐng ne. 外面 在 下 着 大雨 呢。 Wàimiàn zài xiàzhe dàyǔ ne.	▶ いつ行きますか。 ▶ 私は午後行きます。あなたは？ ▶ 私たちは雪景色を見ているところですよ。 ▶ 外は大雨が降っていますよ。

2. 動態助詞"了"と語気助詞"了"
動態助詞"了"は動詞の後につけて、動作の完了を表す。
語気助詞"了"は文末につけて、新しい状況の発生・状態の変化など様々な語気を表す。

1) 動詞 ＋ 目的語 ＋ 了 〜した　　　　　　p.42	你昨天来学校**了**吗？ Nǐ zuótiān lái xuéxiào le ma?	▶昨日学校に来ましたか。
2) 動詞＋了＋時間・回数・数量＋目的語 〜した　　　　　　p.102	你在北京住**了**几天？ Nǐ zài Běijīng zhùle jǐ tiān?	▶北京に何泊しましたか。
動詞＋了＋時間・回数・数量＋目的語＋了 （現時点まで）〜している/した　p.118	你学**了**多长时间汉语**了**？ Nǐ xuéle duō cháng shíjiān Hànyǔ le?	▶中国語をどれくらい勉強していますか。
3) 動詞 ＋ 了 ＋ 目的語 ＋就／再＋動詞 ＋目的語　　〜してから〜する p.72	下**了**车就去看电影吗？ Xiàle chē jiù qù kàn diànyǐng ma? 不，吃**了**饭再去吧。 Bù, chīle fàn zài qù ba.	▶下車したら、すぐ映画を見に行きますか。 ▶いいえ、食事をしてから、行きましょう。
4)（主語）要／快／快要／就要〜了 もうすぐ〜する p.58	**快要**放暑假**了**。 Kuàiyào fàng shǔjià le. **快**一年**了**。 Kuài yì nián le.	▶もうすぐ夏休みになります。 ▶もうすぐ1年になります。
5) 能／会〜了 〜できるようになった P.116	你已经**能**听懂**了**吧？ Nǐ yǐjīng néng tīngdǒng le ba? 我**会**开车**了**。 Wǒ huì kāichē le.	▶もう聞き取れるようになったでしょう？ ▶私は車の運転ができるようになりました。
6) 得〜了 もう〜しなければならない　p.72	不早了，我**得**走**了**。 Bù zǎo le, wǒ děi zǒu le.	▶遅くなったので、もう帰らなければなりません。
7) 太〜了 あまりにも〜すぎる／たいへん〜　p.49	**太**贵**了**。 Tài guì le.	▶値段が高すぎます。
8) 可〜了 とても〜／実に〜　p.100	玩儿得**可**开心**了**。 Wánrde kě kāixīn le.	▶とても楽しく遊びました。
9) 又〜了 また〜した　p.110	我**又**把手机弄丢**了**。 Wǒ yòu bǎ shǒujī nòngdiū le.	▶私はまた携帯をなくしました。
10) 已经〜了 すでに〜した　p.40	他**已经**大学毕业**了**。 Tā yǐjīng dàxué bìyè le.	▶彼はもう大学を卒業しました。

Ⅱ 長文読解　次の文を朗読してから、日本語に訳しなさい。

Wǒ zài dàxué xuéle yì nián Hànyǔ le. Hànyǔ fāyīn hěn nán, dànshì wǒ juéde yuè xué yuè yǒu yìsi. Wǒ xiànzài néng tīngdǒng yìxiē jiǎndān de rìcháng huìhuà le. Jīnhòu wǒ hái yào gèngjiā nǔlì de xuéxí Hànyǔ.

Wǒ yǒu yí ge Zhōngguó péngyou. Tā shì cóng Tiānjīn lái de liúxuéshēng, jiào Lín Měi. Lín shì shuāng mù lín, měi shì měilì de měi. Dàjiā dōu jiào tā Xiǎo Lín. Wǒmen shì jīnnián sìyuè rènshi de. Tā lái Rìběn liúxué kuài yì nián le. Shí'èryuè shíwǔ hào shì Xiǎo Lín de shēngrì. Wǒmen jǐ ge tóngxué qù cānjiāle Xiǎo Lín de shēngrì wǎnhuì. Wǎnhuì shang, Xiǎo Lín chuānzhe hěn piàoliang de qípáo. Tā yòng zìjǐ zuò de shēngrì dàngāo zhāodàile dàjiā, hái gěi dàjiā chàngle jǐ shǒu Zhōngwén gē. Tā chàng gē chàngde tèbié hǎotīng. Wǒmen yìbiān chī dàngāo, yìbiān yòng Hànyǔ liáotiānr. Xiǎo Lín xià ge yuè jiù yào huí Zhōngguó qù le. Dàjiā dōu shuō, jīnhòu rúguǒ yǒu jīhui qù Tiānjīn dehuà, yídìng qù Xiǎo Lín jiā wánr. Xiǎo Lín tīngle, hěn gāoxìng de duì dàjiā shuō: "Huānyíng lái wǒ jiā wánr." Zuìhòu wǒmen yíkuàir pāile jǐ zhāng zhàopiàn liúniàn.

我在大学学了一年汉语了。汉语发音很难，但是我觉得越学越有意思。我现在能听懂一些简单的日常会话了。今后我还要更加努力地学习汉语。

我有一个中国朋友。她是从天津来的留学生，叫林美。林是双木林，美是美丽的美。大家都叫她小林。我们是今年四月认识的。她来日本留学快一年了。十二月十五号是小林的生日。我们几个同学去参加了小林的生日晚会。晚会上，小林穿着很漂亮的旗袍。她用自己做的生日蛋糕招待了大家，还给大家唱了几首中文歌。她唱歌唱得特别好听。我们一边吃蛋糕，一边用汉语聊天儿。小林下个月就要回中国去了。大家都说，今后如果有机会去天津的话，一定去小林家玩儿。小林听了，很高兴地对大家说："欢迎来我家玩儿。"最后我们一块儿拍了几张照片留念。

III 確認テスト

1. 1）次の(1)～(5)の初めに掲げた語句と声調の組み合わせが同じものをそれぞれについて示してある①～④の中から1つ選びなさい。

(1) 休息　①衣服　②味道　③秋天　④觉得
(2) 毕业　①音乐　②爱好　③汉语　④文化
(3) 红茶　①游泳　②中国　③颜色　④学习
(4) 车站　①工作　②咖啡　③唱歌　④晚上
(5) 准备　①旅游　②已经　③比赛　④美元

2）次の(6)～(10)に掲げた語句の正しいピンイン表記を、それぞれについて示してある①～④の中から1つ選びなさい。

(6) 睡觉　①shuìqiào　②shuìjiào　③shuíjué　④shèijiào
(7) 面包　①miànpāo　②miánpāo　③miànbǎo　④miànbāo
(8) 喜欢　①xǐfan　②xǐhan　③xǐhuan　④xǐhuàn
(9) 附近　①fùjìn　②hùjìn　③fǔjìng　④hùjìng
(10) 兴趣　①xìnqù　②xìngqù　③xìnqì　④xìngqì

2. 次の各文の空欄を埋めるのに最も適当なものを①～④の中から1つ選びなさい。

(1) 你昨天晚上看棒球比赛（　）没有？　①过　②了　③的　④着
(2) 这个菜太辣（　）。　①吧　②呢　③的　④了
(3) 电影要开始（　），快进去吧！　①了　②呢　③着　④过
(4) 大家正在唱中文歌（　）。　①过　②的　③呢　④着
(5) 我准备下（　）课就去打工。　①到　②着　③在　④了
(6) 我喜欢旅游。你（　）？　①吗　②呢　③的　④吧
(7) 他是什么时候回国（　）？　①吗　②过　③的　④吧
(8) 她一定会来参加（　）。　①的　②得　③过　④着
(9) 我今天不舒服，（　）游泳。　①不会　②不能　③不要　④不行
(10) 这儿（　）北京那么冷。　①比　②跟　③没有　④是
(11) 他（　）我一样，喜欢看电影。　①比　②没有　③跟　④有
(12) 我觉得这个菜（　）辣。　①一点儿　②一些　③点儿　④有点儿
(13) 我的词典（　）借走了。　①把　②叫　③让　④被
(14) 我感冒了，（　）没去上课。　①所以　②不过　③但是　④因为
(15) 他（　）会说英语，还会说法语。　①不但　②所以　③虽然　④要是

3. 与えられた日本語の意味になるように①〜④の語句を並べ替え、（ ）に当てはまるものを番号で答えなさい。

(1) 私は今日スーパーでアルバイトをします。　　①在　②今天　③打工　④超市
　　我＿＿＿＿ ＿＿＿＿ （　） ＿＿＿＿。

(2) 彼女は兄より二つ年下です。　　①两岁　②小　③比　④我哥哥
　　她＿＿＿＿ ＿＿＿＿ （　） ＿＿＿＿。

(3) 彼はここであなたを三十分間待ちました。　　①你　②了　③等　④半个钟头
　　他在这儿＿＿＿＿ ＿＿＿＿ （　） ＿＿＿＿。

(4) 私は９月にアメリカに留学する予定です。　　①美国　②留学　③去　④九月
　　我计划＿＿＿＿ ＿＿＿＿ （　） ＿＿＿＿。

(5) 私は月に二回映画を見ます。　　①电影　②两次　③看　④一个月
　　我＿＿＿＿ ＿＿＿＿ （　） ＿＿＿＿。

(6) 彼は先週故郷に帰ったのです。　　①去　②回　③的　④老家
　　他是上星期＿＿＿＿ （　） ＿＿＿＿ ＿＿＿＿。

(7) 彼は料理を作るのが上手だそうです。　　①很好　②得　③做　④菜
　　听说他＿＿＿＿ （　） ＿＿＿＿ ＿＿＿＿。

(8) 今日は昨日より少し暑い。　　①一点儿　②昨天　③热　④比
　　今天＿＿＿＿ ＿＿＿＿ （　） ＿＿＿＿。

(9) 玄関に子供が何人か立っています。　　①几个　②站着　③孩子　④门口
　　＿＿＿＿ ＿＿＿＿ （　） ＿＿＿＿。

(10) ちょっと考えさせてください。　　①一下　②考虑　③我　④让
　　请＿＿＿＿ （　） ＿＿＿＿ ＿＿＿＿。

4. 次の文章を読んで、問１〜問５の答えとして、最も適当なものを、それぞれについて示してある①〜④の中から１つ選びなさい。

　　李明是从中国北京来的留学生。我们是去年春天认识(1)。他对日本文学很感兴趣。我会说(2)汉语，所以我们常常用汉语交谈。李明给我介绍北京的名胜古迹，我给他介绍日本的风俗习惯。星期天我们还一块儿去看电影、唱卡拉OK。

　　上个月我和朋友去了一趟上海，玩儿得很开心。朋友说有机会的话，(3)想去上海。我没去过北京。快要放春假了，我准备一放春假(4)去北京旅游。

問1　空欄（1）を埋めるのに適当なものは、次のどれか。
　　　①的　　　　②过　　　　③着　　　　④了

問2　空欄（2）を埋めるのに適当なものは、次のどれか。
　　　①一下　　　②有点儿　　③一会儿　　④一点儿

問3　空欄（3）を埋めるのに適当なものは、次のどれか。
　　　①再　　　　②还　　　　③又　　　　④已经

問4　空欄（4）を埋めるのに適当なものは、次のどれか。
　　　①也　　　　②还　　　　③再　　　　④就

問5　本文の内容に合わないものは、次のどれか。
　　　①我汉语说得还可以。
　　　②我打算放了春假就去北京玩儿。
　　　③我以前去过中国。
　　　④我和朋友都打算春假去上海。

5. 次の文を中国語に訳しなさい。

（1）もう一度話してください。

（2）今日は昨日ほど忙しくありません。

（3）これはあれよりいくら安いですか。

（4）私は昨夜寝るのがおそかったです。

（5）自転車で行きますか、それとも歩いて行きますか。

（6）昨日は忙しくありませんでした。

（7）姉は毎日2時間中国語を勉強しています。

（8）この料理は少しも辛くありません。

付録1　ドリルA―Ⅲ　聴き取り練習の全文

第3課　ドリルA―Ⅲ　p.37

64 A 問1．他也是中国人吗？
① 我是日本人。
② 是的。我是中国人。
③ 不是。他是日本人。
④ 是的。他也是学生。

65 A 問2．你去哪儿？
① 我不去。　　　② 我不吃。
③ 我去教室。　　④ 不，我去图书馆。

66 A 問3．你忙不忙？
① 不太忙。　　　② 不慢。
③ 对，很难。　　④ 不，很忙。

67 A 問4．她叫什么名字？
① 她是学生。　　② 她是日本人。
③ 我姓田中。　　④ 她叫田中友子。

68 A 問5．你们是留学生吗？
① 不，他们不是留学生。
② 是的。我们是中国留学生。
③ 不，我们去学校。
④ 是的。我们是大学生。

第4課　ドリルA―Ⅲ　p.45

78 A 問1．今天七月十号星期四。我们没有课。下午我去美术馆了。
今天几号？
① 四号。　　　② 七号。
③ 十号。　　　④ 十四号。

79 A 問2．我家有爸爸、妈妈、两个哥哥和一个妹妹。
我家有几口人？
① 四口人。　　② 五口人。
③ 六口人。　　④ 七口人。

80 A 問3．我星期一有英语课，没有汉语课。星期三有汉语课，没有英语课。星期五有汉语课和英语课。
我星期几有汉语课？
① 星期一。　　　　② 星期三。
③ 星期一和星期三。④ 星期三和星期五。

81 A 問4．我在大学学汉语。我对中国经济很感兴趣。我有一个朋友。他在学英语。他对日本经济很感兴趣。
我对什么感兴趣？
① 汉语。　　　② 英语。
③ 中国经济。　④ 日本经济。

82 A 問5．我姐姐在贸易公司工作。我哥哥在大学学习。他的专业是经营学。
我哥哥工作了吗？
① 还没呢。　　　　② 工作了。
③ 在贸易公司工作。④ 在学校工作。

第5課　ドリルA―Ⅲ　p.53

92 A 問1．我家有四口人。爸爸爱听音乐，妈妈、姐姐和我都喜欢看电影。我还喜欢唱歌。我会唱中文歌。
我有什么爱好？
① 唱歌。　　　② 唱歌、看电影。
③ 听音乐。　　④ 看电影。

A 93 問2. 小林今天没有空,明天有空。明天我也有空。我们明天下午去唱卡拉OK。

我们什么时候去唱卡拉OK?

① 明天上午。　　② 明天下午。
③ 今天。　　　　④ 每天下午。

A 94 問3. 我哥哥有两张电影票。他说是中国电影。星期天我们一块儿去看。我会说一点儿汉语,我哥哥不会说汉语,会说英语。

星期天我们要干什么?

① 说汉语。　　② 说英语。
③ 去看电视。　④ 看电影。

A 95 問4. 我今天晚上没有空,要去打工。明天星期二我不打工。星期三和星期四也不打工。

今天星期几?

① 星期一。　　② 星期二。
③ 星期三。　　④ 星期四。

A 96 問5. 我每天七点吃早饭,八点去学校。我们中午十二点十分下课。我十二点一刻去食堂吃午饭。下午五点半回家。

我几点去吃午饭?

① 七点钟。　　　② 十点一刻。
③ 十二点十五分。④ 五点半。

第6課　ドリルA—Ⅲ　p.61

B 7 問1. 你家离学校远不远?

① 对,不远。　　② 不,很远。
③ 不远,很近。　④ 不去。

B 8 問2. 小李,你坐电车上学吗?

① 不,他坐地铁。　② 不,我骑自行车。
③ 对,我不坐电车。④ 对,我坐汽车。

B 9 問3. 从你家到学校要多长时间?

① 一个钟头左右。　② 一点钟左右。
③ 没有时间。　　　④ 有时间。

B 10 問4. 你去过北京吗?

① 吃过。　　　　② 没去过东京。
③ 吃过一次。　　④ 去过一趟。

B 11 問5. 田中,暑假你有什么打算吗?

① 我准备去北京留学。
② 他打算去中国旅游。
③ 我不想去西安。
④ 他没有什么打算。

第7課　ドリルA—Ⅲ　p.75

B 22 問1. 我八月十七号到了北京。我住的酒店离地铁站很近。但是离火车站很远。

我住的酒店附近有:

① 火车站。　　② 汽车站。
③ 地铁站。　　④ 地铁站和火车站。

B 23 問2. 我想坐车去故宫。朋友告诉我101路和103路都能到故宫。我准备坐101路去。

我打算坐几路车去故宫?

①101路。　　②110路。
③103路。　　④130路。

B 24 問3. 我今天去王府井大街,明天去颐和园,后天去长城。王府井很近,走着去。颐和园很远,打的去。我没坐过中国的火

付録1——聴き取り練習の全文　131

车，打算坐火车去长城。

我准备怎么去长城？

① 打的去。　　② 坐汽车去。

③ 走着去。　　④ 坐火车去。

B25 问4. 我有一个中国朋友。她会说日语。她告诉我她家离电影院不远。今天我准备先去她家吃晚饭，然后再和她一起去看中国电影。

今天我吃了晚饭以后，想干什么？

① 看电视。　　② 一个人去看电影。

③ 看日本电影。　④ 看中国电影。

B26 问5. 我和小李都是中国留学生。我家在南京，小李家在北京。我们现在都在东京留学。上星期天，我们去京都玩儿了。

我老家在哪儿？

① 北京。　　② 南京。

③ 东京。　　④ 京都。

第8课　ドリルA—Ⅲ　p.83

B36 问1. 周末我和朋友一块儿去吃饭了。我要了麻婆豆腐和蛋汤，朋友点了北京烤鸭和饺子。烤鸭很好吃。

我点了什么菜？

① 麻婆豆腐。

② 蛋汤和麻婆豆腐。

③ 北京烤鸭。

④ 饺子和北京烤鸭。

B37 问2. 我不喝咖啡，爱喝茶。乌龙茶、茉莉花茶、普洱茶、红茶我都喜欢喝。不过我最喜欢的还是茉莉花茶。

我最爱喝什么茶？

① 红茶。　　② 乌龙茶。

③ 普洱茶。　④ 花茶。

B38 问3. 我姐姐会做日本菜，也会做中国菜。她做的中国菜很好吃。我也会做菜。但是做得不太好。

我姐姐中国菜做得怎么样？

① 很好。　　② 不好。

③ 不好吃。　④ 不太好。

B39 问4. 我爱吃辣的。我觉得日本的麻婆豆腐不辣。在北京吃的麻婆豆腐辣是辣，不过挺好吃的。

我觉得日本的麻婆豆腐怎么样？

① 有点儿辣。　② 不辣。

③ 挺好吃的。　④ 太辣了。

B40 问5. 我说英语说得还行，但说汉语说得不好。小李会说英语，也会说日语，日语说得很流利。他常常教我说汉语。

我汉语说得怎么样？

① 还行。　　② 还可以。

③ 不好。　　④ 很流利。

第9课　ドリルA—Ⅲ　p.91

B50 问1. 我买了两盒花茶、三盒乌龙茶。花茶一盒五十块钱。乌龙茶一盒二十块钱。

一共花了多少钱？

① 五十块。

② 六十块。

③ 一百块。

④ 一百六十块。

B51 問2. 昨天我和妈妈去超市买衣服了。我和妈妈都买了毛衣。我买的是红色的。妈妈买的是白色的。我还买了一件黑色的大衣。

我买的毛衣是什么颜色的？

① 黑色的。　　　② 白色的。
③ 红色的。　　　④ 红色的和黑色的。

B52 問3. 我买了一件毛衣和一顶帽子。毛衣五千日元。帽子款式和颜色都不错，价钱也比毛衣便宜两千日元。

我买的帽子是多少钱？

① 两千日元。　　② 三千日元。
③ 五千日元。　　④ 七千日元。

B53 問4. 去年夏天我去了北京，今年春天去了上海。明年秋天我打算去香港旅游。

我是什么时候去的上海？

① 今年春天。　　② 去年夏天。
③ 明年秋天。　　④ 今年冬天。

B54 問5. 我有一个哥哥和一个妹妹。哥哥比我大三岁，妹妹比我小两岁。我今年二十了。我还有一个朋友，他姓李，今年二十四岁。

小李比我大几岁？

① 一岁。　　　　② 两岁。
③ 三岁。　　　　④ 四岁。

第10課　ドリルA—Ⅲ　p.105

B65 問1. 山本，你是什么时候去中国旅游的？

① 我今年暑假去的。
② 我明年暑假去。
③ 我打算去三天。
④ 我准备明年去。

B66 問2. 你是第一次去北京吗？

① 不，我吃过两次北京烤鸭。
② 对，我还没去过东京。
③ 不，他以前去过一次。
④ 对，这是第一次。

B67 問3. 请问，这儿可以拍照吗？

① 不行。这儿不可以抽烟。
② 可以。这儿可以打电话。
③ 对不起。这儿不能拍照。
④ 对不起。这张照片不行。

B68 問4. 铃木，他们在干什么？

① 我们在看书。　　② 我们没看过。
③ 他们在练习汉语。④ 他们还没看。

B69 問5. 让我看看照片，好吗？

① 好哇。明天带来给你看。
② 对不起。护照今天没带来。
③ 好哇。请吃吧。
④ 好哇。请说吧。

第11課　ドリルA—Ⅲ　p.113

B79 問1. 田中，你的词典呢？

① 我的手机不见了。
② 忘在家里了。
③ 他的词典被借走了。
④ 我没看见他的词典。

B80 問2. 昨天你怎么没来上课？

① 我明天去医院看病。

② 我去看病了。

③ 对，我昨天没有来。

④ 对，我想今天去。

B 81 问3. 这个字怎么念？

① 很抱歉，这个字我不会写。

② 这个字我会写。

③ 我也不知道怎么念。

④ 你念得很好。

B 82 问4. 你怎么了，哪儿不舒服？

① 我有点儿头疼。　② 我没有发烧。

③ 我感冒好了。　　④ 我不咳嗽。

B 83 问5. 山本，你感冒好了没有？

① 吃了药，今天好多了。

② 他感冒了，没来上课。

③ 我回去休息。

④ 他没吃药，感冒好了。

第12课　ドリルA—Ⅲ　p.121

B 93 问1. 汉语怎么样？难不难？

① 英语很难。

② 我觉得比汉语难一点儿。

③ 我觉得没有英语难。

④ 我汉语说得不好。

B 94 问2. 你学了多长时间汉语了？

① 快十二点了。

② 还不到一年。

③ 我每天学一个小时汉语。

④ 我有时间学汉语。

B 95 问3. 听说你要去中国留学了，是吗？

① 是的。我下个月去。

② 是的。我打算去美国旅游。

③ 我是去年去留学的。

④ 我没去中国旅游。

B 96 问4. 你觉得这个电影怎么样？有意思吗？

① 这个电视挺有意思的。

② 我觉得不怎么好吃。

③ 这个小说没有意思。

④ 越看越有意思。

B 97 问5. 听说小李要回国了，是不是？

① 是的。他明天就要回国了。

② 是的。小李昨天回国了。

③ 听说他已经回家了。

④ 听说小李还没回来。

付録2　語彙表

> 名 名詞　時間詞　方位詞　動 動詞　形 形容詞　数 数詞　量 量詞
> 数量 数量詞　代 人称代詞　指示代詞　疑問詞　副 副詞　前 前置詞
> 接 接続詞　助 助詞　助動 助動詞　嘆 感嘆詞　接頭 接頭辞
> 品詞名の表記がないものは定型文型、慣用句、組み合わせ連語、熟語である。
> ピンインの中に // を入れて示す動詞はその間にほかの成分を挿入できる離合詞である。

A

阿姨	āyí	名	おばさん
啊	ā	嘆	あ、ああ
啊	a	助	感嘆などの語気を表す
矮	ǎi	形	背が低い
爱	ài	動	愛する、好きである
爱好	àihào	動	愛好する
		名	趣味
爱子	Àizǐ	名	愛子(名前)
熬	áo	動	煎じる
澳元	àoyuán	名	オーストラリアドル

B

八	bā	数	8
八达岭	Bādálǐng	名	八達嶺(万里の長城の名所)
巴士	bāshì	名	バス
把	bǎ	前	〜を⇨p.110
		量	〜本、〜個(傘、椅子などを数える)
爸	bà	名	お父さん
爸爸	bàba	名	お父さん、父親
吧	ba	助	〜だろう(推測などの語気を表す)/〜しよう(勧誘、提案などの語気を表す)/命令の語気をやわらげる⇨p.80、124
白酒	báijiǔ	名	パイチュウ(中国の蒸留酒の総称)
白兰地	báilándì	名	ブランデー
白色	báisè	名	白
百	bǎi	数	百
班	bān	名	クラス、班
搬家	bān//jiā	動	引越す
办	bàn	動	する、やる
半	bàn	数	半、二分の一
帮忙	bāng//máng	動	手伝う
棒球	bàngqiú	名	野球
包	bāo	動	包む
包装	bāozhuāng	動	包装する。
		名	包装
保持	bǎochí	動	保つ
保龄球	bǎolíngqiú	名	ボウリング
保龄球馆	bǎolíngqiúguǎn	名	ボウリング場
报	bào	名	新聞
报纸	bàozhǐ	名	新聞、新聞紙
抱歉	bàoqiàn	形	申し訳ない
北边儿	běibianr	名	北、北側
北海道	Běihǎidào	名	北海道(日本の地名)
北京	Běijīng	名	ペキン、北京(中華人民共和国の首都)
北京烤鸭	Běijīng kǎoyā		ペキンダック
北京人	Běijīngrén	名	北京出身の人
北面	běimiàn	名	北、北側
被	bèi	前	(受身文で行為者を導く)〜によって〜される⇨p.111
本	běn	量	〜冊(書籍の冊数を数える)
本子	běnzi	名	ノート
比	bǐ	前	〜より⇨p.88、94
比萨饼	bǐsàbǐng	名	ピザ

比赛	bǐsài	動	試合をする
		名	試合
毕业	bì//yè	動	卒業する
便利店	biànlìdiàn	名	コンビニ
遍	biàn	量	～回、～度（回数を数える）
标志	biāozhì	名	マーク
表扬	biǎoyáng	動	褒める
别	bié	副	～しないでください、～してはいけない ⇨ p.80
冰箱	bīngxiāng	名	冷蔵庫
冰咖啡	bīngkāfēi	名	アイスコーヒー
病	bìng	名	病気
博物馆	bówùguǎn	名	博物館
不	bù	副	いいえ／～ではない、～しない ⇨ p.64
不必～	búbì	副	～する必要がない
不错	búcuò	形	よい、悪くない
不但	búdàn	接	～ばかりでなく
不过	búguò	接	しかし
不见了	bújiàn le		（ものが）なくなった
不可以	bù kěyǐ		してはいけない
不客气	bú kèqi		どういたしまして
不少	bù shǎo		多くの、多い
不太～	bú tài		あまり～でない
不谢	bú xiè		どういたしまして
不行	bùxíng	動	だめです
不要～	búyào	副	～しないでください、～してはいけない ⇨ p.80
不用～	búyòng	副	～する必要がない
不怎么～	bù zěnme		それほど～でない

C

猜	cāi	動	当てる
才	cái	副	わずか、やっと
菜	cài	名	料理
菜单	càidān	名	メニュー
参观	cānguān	動	見物する、見学する
参加	cānjiā	動	参加する
参考书	cānkǎoshū	名	参考書
餐厅	cāntīng	名	レストラン
厕所	cèsuǒ	名	トイレ
插花	chā//huā	動	生け花をする
茶	chá	名	お茶
茶吧	chábā	名	お茶専門の喫茶店
茶道	chádào	名	茶道
茶水	cháshuǐ	名	茶や白湯
茶叶	cháyè	名	茶の葉
差	chà	動	足りない、欠ける
长城	Chángchéng	名	万里の長城
尝	cháng	動	味わう
常常	chángcháng	副	いつも、よく
唱	chàng	動	歌う
唱歌	chàng gē		歌を歌う
超市	chāoshì	名	スーパーマーケット
朝鲜	Cháoxiǎn	名	朝鮮
炒饭	chǎofàn	名	チャーハン
炒面	chǎomiàn	名	焼そば
车	chē	名	車
车票	chēpiào	名	乗車券
车站	chēzhàn	名	駅、バス停
陈	Chén	名	陳(姓)
衬衫	chènshān	名	ワイシャツ、ブラウス
成绩	chéngjì	名	成績
吃	chī	動	食べる
吃饭	chī//fàn	動	食事をする
吃药	chī yào		薬を飲む
吃完	chīwán	動	食べ終わる
迟到	chídào	動	遅刻する
抽屉	chōuti	名	引き出し
抽烟	chōu yān		タバコを吸う
出	chū	動	出る
出差	chū//chāi	動	出張する
出来	chūlai	動	出てくる
出门	chū//mén	動	外出する
出去	chūqu	動	出ていく
出租车	chūzūchē	名	タクシー
初次见面	chūcì jiànmiàn		初めまして

穿	chuān	動	着る、履く	但	dàn	接	しかし
船	chuán	名	船	但是	dànshì	接	しかし
床	chuáng	名	ベッド	淡	dàn	形	(味が)薄い
春假	chūnjià	名	春休み	蛋糕	dàngāo	名	ケーキ
春节	Chūnjié	名	春節、旧正月(旧暦の新年)	蛋汤	dàntāng	名	卵スープ
				当然	dāngrán	副	もちろん
春天	chūntiān	名	春	到	dào	前	～まで⇨ p.58、94
词典	cídiǎn	名	辞書			動	着く、行く、達する
次	cì	量	～回、～度(動作の回数を数える)	德国	Déguó	名	ドイツ
				德语	Déyǔ	名	ドイツ語
粗	cū	形	太い	地	de	助	連用修飾語を作る⇨ p.118
醋	cù	名	お酢				
从	cóng	前	～から⇨ p.58、94	的	de	助	連体修飾語を作る⇨ p.35/強調や肯定の語気を表す⇨ p.89

D

				的话	dehuà	助	もし～ならば
打	dǎ	動	打つ、する	得	de	助	様態補語を導く⇨ p.81/可能補語を作る⇨ p.119
打的	dǎ//dī	動	タクシーに乗る				
打电话	dǎ diànhuà		電話を掛ける				
打工	dǎ//gōng	動	アルバイトをする	～得很	de hěn		すごく～
打搅	dǎjiǎo	動	邪魔をする	得	děi	助動	～しなければならない⇨ p.72、95
打搅您了	dǎjiǎo nín le		お邪魔致しました				
打麻将	dǎ májiàng		マージャンをする	等	děng	動	待つ
打乒乓球	dǎ pīngpāngqiú		卓球をする	迪吧	díbā	名	ディスコバー
打太极拳	dǎ tàijíquán		太極拳をする	迪斯科	dísīkē	名	ディスコ
打扫	dǎsǎo	動	掃除する	迪斯尼乐园	Dísīní Lèyuán	名	ディズニーランド
打算	dǎsuan	動	～するつもりだ				
		名	考え、計画	地方	dìfang	名	処、場所
大	dà	形	大きい、年上である	地铁	dìtiě	名	地下鉄
大阪	Dàbǎn	名	大阪(日本の地名)	地铁站	dìtiězhàn	名	地下鉄の駅
大阪城	Dàbǎn Chéng	名	大阪城(大阪の名所)	地址	dìzhǐ	名	住所
大概	dàgài	副	たぶん、おそらく	弟弟	dìdi	名	弟、弟さん
大家	dàjiā	名	みんな、皆さん	第	dì	接頭	第～(順番を表す)
大街	dàjiē	名	大通り	点	diǎn	量	～時(時刻の単位)
大厅	dàtīng	名	ロビー、ホール			動	注文する、数える
大学	dàxué	名	大学	点菜	diǎn cài		料理を注文する
大衣	dàyī	名	オーバーコート	点名	diǎn//míng	動	出席をとる
大雨	dàyǔ	名	大雨	点儿	diǎnr	量	＝一点儿 少し
大约	dàyuē	副	約、およそ	点心	diǎnxin	名	菓子、軽食
带来	dàilai	動	持ってくる	点钟	diǎn zhōng		～時(時刻の単位)
戴	dài	動	身につける、着用する				

电车	diànchē	名	電車
电脑	diànnǎo	名	コンピュータ
电视	diànshì	名	テレビ
电梯	diàntī	名	エレベーター
电影	diànyǐng	名	映画
店	diàn	名	店
钓鱼	diào yú		魚釣りをする
顶	dǐng	量	～個（帽子などを数える）
东边儿	dōngbianr	名	東、東側
东京	Dōngjīng	名	東京
东面	dōngmiàn	名	東、東側
东西	dōngxi	名	物
冬天	dōngtiān	名	冬
懂	dǒng	動	分かる
动物园	dòngwùyuán	名	動物園
都	dōu	副	みな、みんな、すべて
度	dù	量	～度
端午节	Duānwǔ Jié	名	端午の節句（旧暦5月5日）
短期	duǎnqī	名	短期
短信	duǎnxìn	名	メール
对	duì	形	そうだ、はい、正しい
		前	～に対して ⇨ p.94
对不起	duìbuqǐ	動	すみません
对面	duìmiàn	名	向こう
顿	dùn	量	～回、～食（叱責・食事の回数を数える）
多	duō	形	多い
		代	どれくらいの～
多长时间	duō cháng shíjiān		どれくらいの時間
多大	duō dà		何歳、どれくらいの大きさ
～多了	duō le		（比較して）ずっと
多媒体	duōméitǐ	名	マルチメディア
多少	duōshao	代	どれくらい（数量を尋ねる）
多少钱	duōshao qián		いくら（値段を尋ねる）
多远	duō yuǎn		どれくらいの距離

E

俄语	Éyǔ	名	ロシア語
饿	è	形	飢える
欸	éi	嘆	おや
儿女	érnǚ	名	息子と娘
儿子	érzi	名	息子
耳机	ěrjī	名	イヤホン
二	èr	数	2

F

发	fā	動	（メールなどを）送る
发短信	fā duǎnxìn		メールを送る
发票	fāpiào	名	領収書
发烧	fā//shāo	動	熱がある
发音	fāyīn	名	発音
法国	Fǎguó	名	フランス
法律	fǎlǜ	名	法律
法语	Fǎyǔ	名	フランス語
饭	fàn	名	ご飯、食事
饭店	fàndiàn	名	ホテル、レストラン
饭团	fàntuán	名	おにぎり
方便	fāngbiàn	形	便利である
方法	fāngfǎ	名	方法
房间	fángjiān	名	部屋
放	fàng	動	置く、(休みに)なる
放假	fàng//jià	動	休みになる
放暑假	fàng shǔjià		夏休みになる
飞机	fēijī	名	飛行機
非常	fēicháng	副	非常に
分	fēn	量	分（時間・中国貨幣の単位）
分钟	fēn zhōng		分間（時間の単位）
芬达	Fēndá	名	ファンタ
风	fēng	名	風
风俗	fēngsú	名	風俗
父母	fùmǔ	名	両親
父亲	fùqin	名	父親
附近	fùjìn	名	付近
复习	fùxí	動	復習する

G

咖哩饭	gālífàn	名 カレーライス
干杯	gān//bēi	動 乾杯をする
感冒	gǎnmào	動 風邪を引く
感兴趣	gǎn xìngqù	興味がある、興味を持つ
干	gàn	動 する、やる
干活儿	gàn huór	仕事をする
刚才	gāngcái	名 先ほど
钢笔	gāngbǐ	名 ペン
港币	gǎngbì	名 香港ドル
高	gāo	形 高い
高兴	gāoxìng	形 嬉しい、喜ぶ
高中	gāozhōng	名 高校
高中生	gāozhōngshēng	名 高校生
告诉	gàosu	動 告げる
哥哥	gēge	名 兄、兄さん
歌(儿)	gē(r)	名 歌
个	ge	量 ～個(人や物を数える)
给	gěi	動 与える、くれる、あげる 前 ～に⇨ p.59、94
跟	gēn	前 ～と⇨ p.94
更	gèng	副 さらに
更加	gèngjiā	副 さらに、いっそう
工作	gōngzuò	動 働く 名 仕事
公共汽车	gōnggòng qìchē	バス
公里	gōnglǐ	量 キロメートル
公司	gōngsī	名 会社
公园	gōngyuán	名 公園
功课	gōngkè	名 宿題、授業
狗	gǒu	名 イヌ
故宫	Gùgōng	名 故宮博物院(北京の名所)
刮风	guā fēng	風が吹く
拐	guǎi	動 曲がる
关门	guān//mén	動 閉店する
关照	guānzhào	動 面倒を見る
光临	guānglín	動 ご光臨、ご来訪
广东话	Guǎngdōnghuà	名 広東語
广州	Guǎngzhōu	名 広州(中国の地名)
贵	guì	形 値段が高い
贵姓	guìxìng	名 お名前(姓を聞く敬語)
锅贴	guōtiē	名 焼き餃子
国际劳动节	Guójì Láodòng Jié	名 メーデー
国庆节	Guóqìng Jié	名 国慶節(10月1日、中華人民共和国の建国記念日)
果汁	guǒzhī	名 ジュース
过	guò	動 通る、過ぎる、過ごす
过马路	guò mǎlù	道を渡る
过来	guòlai	動 やってくる
过去	guòqu	動 通り過ぎていく
过	guo	助 ～したことがある ⇨ p.59

H

还	hái	副 その上、まだ
还可以	hái kěyǐ	まあまあです
还没～	hái méi	まだ～していない
还没呢	hái méi ne	まだです
还是	háishi	副 やはり 接 それとも⇨ p.51
海边儿	hǎibianr	名 海辺
海南岛	Hǎinándǎo	名 海南島(中国の地名)
韩国	Hánguó	名 韓国
韩国人	Hánguórén	名 韓国人
韩语	Hányǔ	名 韓国語
寒假	hánjià	名 冬休み
汉堡包	hànbǎobāo	名 ハンバーガー
汉语	Hànyǔ	名 中国語
好	hǎo	形 よい／よろしい、はい(同意・承諾を表す)／治る
好吃	hǎochī	形 美味しい
好多	hǎoduō	数 たくさん(の)
好好儿	hǎohāor	副 よく、ちゃんと
好喝	hǎohē	形 (飲んで)美味しい

好久	hǎojiǔ	形	長い間
好久不见了	hǎojiǔ bú jiàn le		お久しぶりです
好看	hǎokàn	形	きれいである、美しい
好听	hǎotīng	形	聞いて気持がよい、素晴しい
好玩儿	hǎowánr	形	面白い
好像	hǎoxiàng	副	～のようだ、～ような気がする
号	hào	量	～日（日にちを示す）
号码	hàomǎ	名	番号
喝	hē	動	飲む
喝完	hēwán	動	飲み終わる
和	hé	接	と（並列を表す）
		前	～と（相手を示す）
			⇨ p.94
和平饭店	Hépíng Fàndiàn	名	和平飯店（上海のホテルの名）
盒	hé	量	～箱（箱入りのものを数える）
盒饭	héfàn	名	弁当
黑板	hēibǎn	名	黒板
黑色	hēisè	名	黒
很	hěn	副	とても
很多	hěn duō		多く、たくさん
红茶	hóngchá	名	紅茶
红色	hóngsè	名	赤
猴	hóu	名	サル
后边儿	hòubianr	名	後、後方
后面	hòumiàn	名	後、後方
后天	hòutiān	名	明後日
壶	hú	量	急須に入ったものを数える
虎	hǔ	名	トラ
护照	hùzhào	名	パスポート
花	huā	名	花
		動	費やす
花茶	huāchá	名	ジャスミン茶、花茶
滑	huá	動	（スキーやスケートを）する、滑る
滑雪	huá//xuě	動	スキーをする

画	huà	動	描く
画儿	huàr	名	絵
画展	huàzhǎn	名	絵画の展覧会
话	huà	名	話、言葉
欢迎	huānyíng	動	歓迎する、ようこそ
换	huàn	動	換える
换车	huàn//chē	動	乗り換える
黄金周	huángjīnzhōu	名	ゴールデンウィーク
黄色	huángsè	名	黄色い
回	huí	動	戻る
		量	～回、～度（動作の回数を数える）
回不来	huíbulái	動	戻ってくることができない
回得来	huídelái	動	戻ってくることができる
回国	huí//guó	動	帰国する
回家	huí//jiā	動	家に帰る
回来	huílai	動	帰ってくる、戻ってくる
回去	huíqu	動	帰っていく、戻っていく
会	huì	動	できる
		助動	～することができる ⇨ p.50、95/～するだろう ⇨ p.111
会话	huìhuà	動	会話をする
馄饨	húntun	名	ワンタン
火车	huǒchē	名	汽車
火车站	huǒchēzhàn	名	汽車の駅

J

机场	jīchǎng	名	空港
机会	jīhui	名	機会
机票	jīpiào	名	航空券
机器	jīqì	名	機械
鸡	jī	名	ニワトリ
鸡尾酒	jīwěijiǔ	名	カクテル
~极了	jí le		とても、極めて
几	jǐ	数	いくつ（数を尋ねる）/

			いくつか(不定の数をさす)
几本	jǐ běn		何冊、何冊か
几点	jǐ diǎn		何時
几号	jǐ hào		何日
几路车	jǐ lù chē		何番のバス
几天	jǐ tiān		何日間
几月	jǐ yuè		何月
季节	jìjié	名	季節
寄	jì	動	郵送する
加拿大	Jiānádà	名	カナダ
加元	jiāyuán	名	カナダドル
家	jiā	名	家
		量	～軒(商店・企業などを数える)
价钱	jiàqian	名	価格
简单	jiǎndān	形	簡単である
见	jiàn	動	会う
见面	jiàn//miàn	動	会う
件	jiàn	量	～着、～件(衣類・事柄などを数える)
健康	jiànkāng	形	健康である
交谈	jiāotán	動	話し合う
教	jiāo	動	教える
角	jiǎo	量	角(中国貨幣の単位)
饺子	jiǎozi	名	ギョーザ
叫	jiào	動	～という、呼ぶ/(使役文に用い)～に～させる⇨p.102
		前	(受身文に用い)～に～される⇨p.111
教室	jiàoshì	名	教室
节	jié	量	～コマ(授業のコマを数える)
节假日	jiéjiàrì	名	祝日と休日
结婚	jié//hūn	動	結婚する
姐姐	jiějie	名	姉、姉さん
姐妹	jiěmèi	名	姉妹
介绍	jièshào	動	紹介する
借	jiè	動	借りる、貸す

借走	jièzǒu	動	借りていく
今后	jīnhòu	名	これから、今後
今年	jīnnián	名	今年
今天	jīntiān	名	今日
斤	jīn	量	500グラム(重さの単位)
进	jìn	動	入る
进来	jìnlai	動	入ってくる
进去	jìnqu	動	入っていく
近	jìn	形	近い
经常	jīngcháng	副	いつも
经济	jīngjì	名	経済
经理	jīnglǐ	名	支配人、社長
经营学	jīngyíngxué	名	経営学
精彩	jīngcǎi	形	素晴しい
精神	jīngshen	名	元気、活力
紧张	jǐnzhāng	形	緊張する
九	jiǔ	数	9
酒	jiǔ	名	酒
酒吧	jiǔbā	名	バー
酒店	jiǔdiàn	名	ホテル
酒水	jiǔshuǐ	名	飲み物、酒
就	jiù	副	すぐに、～ならば、ほかでもなく
就是	jiùshì	副	ただ
就要～了	jiù yào～le		もうすぐ～する⇨p.58、125
俱乐部	jùlèbù	名	クラブ
决定	juédìng	動	決める、決まる
觉得	juéde	動	思う、感じる

K

咖啡	kāfēi	名	コーヒー
咖啡吧	kāfēibā	名	カフェバー
咖啡馆	kāfēiguǎn	名	喫茶店
咖啡色	kāfēisè	名	コーヒーブラウン
卡	kǎ	名	カード
卡拉OK	kǎlā OK		カラOK
开	kāi	動	(車を)運転する
开车	kāi//chē	動	車を運転する

开会	kāi//huì	動	会議をする、会に出る
开始	kāishǐ	動	始まる、始める
开心	kāixīn	形	楽しい
看	kàn	動	読む、見る
～看	kàn	助	(動詞の重ね型の後につけ)～してみる
看病	kàn//bìng	動	受診する、診察する
看不懂	kànbudǒng	動	読めない
看得懂	kàndedǒng	動	読める
看得清楚	kàndeqīngchu		はっきりと見える
看懂	kàndǒng	動	読んで分かる
看见	kànjiàn	動	見かける、目にする
看完	kànwán	動	読み終える、読み終わる
考	kǎo	動	受験する、試験をする
考虑	kǎolǜ	動	考える
考试	kǎo//shì	動	試験を受ける、試験をする
烤鸭	kǎoyā	名	北京ダック、アヒルの丸焼き
咳嗽	késou	動	咳をする
可～了	kě～le		とても、実に⇨p.125
可乐	kělè	名	コーラ
可以	kěyǐ	助動	～してよい、～できる⇨p.89、95
渴	kě	形	喉が渇いている
刻	kè	量	15分(1時間の4分の1)
客气	kèqi	動	遠慮する
课	kè	名	授業、～課
课本	kèběn	名	テキスト
课文	kèwén	名	テキストの本文
空调	kōngtiáo	名	エアコン
空(儿)	kòng(r)	名	暇、空いた時間
口	kǒu	量	～人(家族の人数を数える)
哭	kū	動	泣く
苦	kǔ	形	苦い
块	kuài	量	元(中国貨幣の単位、「元」の口語体)
快	kuài	形	(速度が)速い
		副	まもなく(文末に"了"を伴う)
快～了	kuài～le		もうすぐ～する⇨p.58、125
快餐	kuàicān	名	ファーストフード
快餐店	kuàicāndiàn	名	ファーストフード店
快乐	kuàilè	形	楽しい
快要	kuàiyào	副	まもなく(文末に"了"を伴う)
快要～了	kuàiyào～le		もうすぐ～する⇨p.58、125
筷子	kuàizi	名	箸
款式	kuǎnshì	名	(服装などの)デザイン
矿泉水	kuàngquánshuǐ	名	ミネラルウオーター
困	kùn	形	眠い
困难	kùnnan	名	困難

L

拉肚子	lā dùzi		お腹をこわす
拉小提琴	lā xiǎotíqín		バイオリンを弾く
辣	là	形	辛い
来	lái	動	来る/(料理などを注文する時に)～をください⇨p.78/動詞の前に置き、積極的にある行為をするのを表す⇨p.79/(方向補語として)～してくる⇨p.102
来不了	láibuliǎo	動	来ることができない
来得了	láideliǎo	動	来ることができる
蓝色	lánsè	名	青色
篮球	lánqiú	名	バスケットボール
朗读	lǎngdú	動	朗読する
劳驾	láojià	動	(頼み事をする時に)すみません、おそれいります
老	lǎo	接頭	～さん(目上の人の姓の前につけ、親しみ

			を表す)
老家	lǎojiā	名	故郷、実家
老酒	lǎojiǔ	名	ラオチュウ、紹興酒
老师	lǎoshī	名	先生、教師
了	le	助	文末に用い、新しい状況の発生・状態の変化などを表す⇨p.42、125
		助	動詞の後に用い、動作の完了を表す⇨p.72、102、125
累	lèi	形	疲れる
冷	lěng	形	寒い
冷起来	lěngqilai		寒くなってくる
离	lí	前	～から、～まで ⇨p.58、94
礼物	lǐwù	名	プレゼント
李	Lǐ	名	李(姓)
里	lǐ,li	名	～中
里边儿	lǐbianr	名	中、内
里面	lǐmiàn	名	中、内
历史	lìshǐ	名	歴史
联系	liánxì	動	連絡する
练习	liànxí	動	練習する
		名	練習
凉快	liángkuai	形	涼しい
两	liǎng	数	2(後に量詞を伴う)
两点	liǎng diǎn		2時
辆	liàng	量	～台(自転車、車などを数える)
聊	liáo	動	雑談をする
聊天儿	liáo//tiānr	動	雑談をする
林	Lín	名	林(姓)
铃木	Língmù	名	鈴木(姓)
零	líng	数	ゼロ
刘	Liú	名	劉(姓)
留念	liúniàn	動	記念にする
留学	liú//xué	動	留学する
留学生	liúxuéshēng	名	留学生
流利	liúlì	形	流暢である

柳树	liǔshù	名	ヤナギ
六	liù	数	6
龙	lóng	名	竜
楼	lóu	名	ビル、～階
录像	lùxiàng	名	ビデオ
路	lù	名	道路、～番線
路口	lùkǒu	名	交差点
路上	lùshang	名	道中、路上
旅行	lǚxíng	動	旅行する
旅行支票	lǚxíng zhīpiào		トラベラーズチェック
旅游	lǚyóu	動	旅行する
绿	lǜ	形	緑
绿茶	lǜchá	名	緑茶
绿色	lǜsè	名	緑色
		形	無公害の、エコロジーの

M

妈	mā	名	お母さん
妈妈	māma	名	お母さん、母親
麻	má	名	麻
麻烦	máfan	動	面倒を掛ける
麻烦您了	máfan nín le		お手数をお掛けしました
麻婆豆腐	mápó dòufu		マーボー豆腐
马	mǎ	名	ウマ
马路	mǎlù	名	大通り
马上	mǎshàng	副	すぐに、直ちに
骂	mà	動	叱る、罵る
吗	ma	助	文末につけ、疑問の語気を表す⇨P.35
买	mǎi	動	買う
买不到	mǎibudào	動	(品切れで)買えない
买到	mǎidào	動	手に入れる、手に入る
买得到	mǎidedào	動	買える
买东西	mǎi dōngxi		買い物をする
买着	mǎizháo	動	手に入れる、手に入る
卖	mài	動	売る
慢	màn	形	(速度が)遅い
慢慢儿	mànmānr	形	ゆっくりと

中文	ピンイン	品詞	意味
忙	máng	形	忙しい
芒果汁	mángguǒzhī	名	マンゴージュース
猫	māo	名	ネコ
毛	máo	量	毛(中国貨幣の単位、"角"の口語体)
毛衣	máoyī	名	セーター
贸易	màoyì	名	貿易
帽子	màozi	名	帽子
没关系	méi guānxi		かまいません、大丈夫です
没(有)	méi(you)	副	～していない、～しなかった ⇨ p.64
		動	ない、持っていない／～ほど～でない(比較に用いる) ⇨ p.88
每	měi	代	それぞれ、一つ一つ
每年	měi nián		毎年
每天	měi tiān		毎日
美	měi	形	美しい
美国	Měiguó	名	アメリカ
美国人	Měiguórén	名	アメリカ人
美丽	měilì	形	美しい
美术馆	měishùguǎn	名	美術館
美元	měiyuán	名	米ドル
妹妹	mèimei	名	妹、妹さん
门口	ménkǒu	名	出入り口、玄関
迷你裙	mínǐqún	名	ミニスカート
米	mǐ	量	メートル
面包	miànbāo	名	パン
面条	miàntiáo	名	うどん、そばなどの麺類
名胜古迹	míngshèng gǔjì		名所旧跡
名字	míngzi	名	名前
明白	míngbai	動	分かる、理解する
明年	míngnián	名	来年
明天	míngtiān	名	明日
茉莉花茶	mòli huāchá		ジャスミン茶
摩托车	mótuōchē	名	オートバイ
母亲	mǔqin	名	母親

N

中文	ピンイン	品詞	意味
拿来	nálai	動	持ってくる
拿去	náqu	動	持っていく
哪	nǎ	代	どれ
哪国人	nǎ guó rén		どの国の人
哪里	nǎli	代	どこ
哪里哪里	nǎli nǎli		とんでもない、どういたしまして
哪儿	nǎr	代	どこ
那	nà	代	それ、あれ
那边儿	nàbianr	代	そこ、そちら、あそこ、あちら
那里	nàli	代	そこ、あそこ
那(么)	nà(me)	接	それでは
那么	nàme	代	そんなに、あんなに、そのように、あのように
那儿	nàr	代	そこ、あそこ
哪个	něi(nǎ)ge	代	どれ、どの
哪位	něi wèi	代	どなた
哪些	něi(nǎ)xiē	代	どれら
那个	nèi(nà)ge	代	それ、あれ、その、あの
奶奶	nǎinai	名	おばあさん、(父方の)祖母
南边儿	nánbianr	名	南、南側
南面	nánmiàn	名	南、南側
难	nán	形	難しい／(動詞の前に用い)～しにくい
难念	nánniàn	形	読みにくい
呢	ne	助	～は？ ⇨ p.42／(文末に用い)～よ ⇨ p.124
能	néng	助動	～することができる ⇨ p.73、95
你	nǐ	代	あなた
你好	nǐ hǎo		こんにちは
你好吗	nǐ hǎo ma		お元気ですか
你们	nǐmen	代	あなたたち
年	nián	量	～年
年级	niánjí	名	学年、～年生

年纪	niánjì	名	年齢
念	niàn	動	（声を出して）読む、朗読する
鸟	niǎo	名	鳥
您	nín	代	あなたさま（"你"の尊称）
牛	niú	名	牛
牛奶	niúnǎi	名	牛乳
牛仔裤	niúzǎikù	名	ジーパン
弄丢	nòngdiū	動	なくす
努力	nǔlì	形	努力する
女	nǚ	名	女
女儿	nǚ'ér	名	娘
女孩儿	nǚháir	名	女の子
女朋友	nǚpéngyou	名	彼女、恋人
暖和	nuǎnhuo	形	暖かい

O

哦	ó	嘆	え
欧元	ōuyuán	名	ユーロ
藕	ǒu	名	レンコン

P

怕	pà	動	怖がる、恐れる
拍	pāi	動	（写真を）撮る
拍照	pāi//zhào	動	写真を撮る
排球	páiqiú	名	バレーボール
旁边	pángbiān	名	そば、傍ら
跑过来	pǎoguolai	動	走ってくる
跑过去	pǎoguoqu	動	走っていく
陪	péi	動	同行する
朋友	péngyou	名	友達
批评	pīpíng	動	批判する、叱る
皮鞋	píxié	名	革靴
啤酒	píjiǔ	名	ビール
篇	piān	量	～編（文章を数える）
便宜	piányi	形	安い
票	piào	名	チケット
漂亮	piàoliang	形	きれいである、美しい
乒乓球	pīngpāngqiú	名	卓球
平安	píng'ān	形	無事である
瓶	píng	量	～本（瓶に入っているものを数える）
葡萄酒	pútaojiǔ	名	ワイン
普洱茶	pǔ'ěrchá	名	プーアル茶
普通话	pǔtōnghuà	名	標準語、共通語

Q

七	qī	数	7
其他	qítā	代	そのほかの
骑	qí	動	（馬や自転車などに）乗る
骑车	qí chē		自転車に乗る
骑走	qízǒu	動	乗っていく
旗袍	qípáo	名	チャイナドレス
起	qǐ	動	起きる
起不来	qǐbulái	動	起きられない
起床	qǐ//chuáng	動	起きる、起床する
起得来	qǐdelái	動	起きられる
起来	qǐlai	動	起きる
汽车	qìchē	名	車
千	qiān	数	千
铅笔	qiānbǐ	名	鉛筆
前	qián	名	前
前边儿	qiánbianr	名	前、前方
前面	qiánmiàn	名	前、前方
前天	qiántiān	名	おととい
前头	qiántou	名	前、前方
钱	qián	名	お金
钱包	qiánbāo	名	財布
巧克力	qiǎokèlì	名	チョコレート
轻轨	qīngguǐ	名	モノレール
清楚	qīngchu	形	はっきりしている
清明节	Qīngmíng Jié	名	清明節（4月4日～6日ごろ、墓参りをする習慣がある）
情人节	Qíngrén Jié	名	バレンタインデー
请	qǐng	動	～してください、招待する
请客	qǐng//kè	動	ご馳走する

请问	qǐngwèn	動	ちょっとお尋ねします
穷	qióng	形	貧しい
球	qiú	名	ボール
球拍	qiúpāi	名	ラケット
取得	qǔdé	動	獲得する
去	qù	動	行く、(方向補語として)〜していく
去年	qùnián	名	去年
裙子	qúnzi	名	スカート

R

然后	ránhòu	接	それから
让	ràng	前	(受身文に用い)〜に〜される ⇨ p.111
		動	(使役文に用い)〜に〜させる ⇨ p.102
让您久等了	ràng nín jiǔ děng le		お待たせいたしました
热	rè	形	暑い
热狗	règǒu	名	ホットドック
热闹	rènao	形	賑やかである
人	rén	名	人
人民币	rénmínbì	名	人民元(中国の法定貨幣)
认识	rènshi	動	知り合う、知っている
认真	rènzhēn	形	真面目である
日	rì	量	〜日(日にちを示す)
日本	Rìběn	名	日本
日本人	Rìběnrén	名	日本人
日常	rìcháng	形	日常の
日语	Rìyǔ	名	日本語
日元	rìyuán	名	日本円
肉	ròu	名	肉
肉包子	ròubāozi	名	肉まん
如果	rúguǒ	接	もし〜ならば

S

三	sān	数	3
三明治	sānmíngzhì	名	サンドイッチ
伞	sǎn	名	傘
散步	sàn//bù	動	散歩する
嗓子	sǎngzi	名	喉、声
涩	sè	形	渋い
山本	Shānběn	名	山本(姓)
商场	shāngchǎng	名	マーケット、デパート
商店	shāngdiàn	名	店、商店
商务吧	shāngwùbā	名	ビジネスルーム
上	shàng	名	上／(時間や順序が)前の、先の／名詞＋上 shang〜の上、〜の表面
		動	上がる、登る、通う、乗る
上班	shàng//bān	動	出勤する
上边儿	shàngbianr	名	上、上の方
上车	shàng//chē	動	乗車する
上(个)星期	shàng(ge)xīngqī		先週
上个月	shàng ge yuè		先月
上海	Shànghǎi	名	シャンハイ、上海(中国の地名)
上海话	Shànghǎihuà	名	上海語
上课	shàng//kè	動	授業を受ける、授業をする
上来	shànglai	動	上がってくる
上面	shàngmiàn	名	上、上の方
上去	shàngqu	動	上がっていく
上网	shàng//wǎng	動	インターネットをする
上午	shàngwǔ	名	午前
上学	shàng//xué	動	学校に行く、通学する
稍	shāo	副	少し
蛇	shé	名	ヘビ
谁	shéi(shuí)	代	だれ、どなた
身体	shēntǐ	名	体
什么	shénme	代	なに、どんな、なんの、なにか
什么地方	shénme dìfang		どこ、どんな所
什么时候	shénme shíhou		いつ
生	shēng	形	なま、熟していない
生日	shēngrì	名	誕生日
圣诞节	Shèngdàn Jié	名	クリスマス

十	shí	数	10
十字路口	shízì lùkǒu		交差点
时候	shíhou	名	～である時
时间	shíjiān	名	時間、暇
食品	shípǐn	名	食品
食堂	shítáng	名	食堂
世界	shìjiè	名	世界
事(儿)	shì(r)	名	用事、事柄
试	shì	動	試す、試みる
是	shì	動	～だ、～である ⇨ p.34
是啊	shì a		そうですね
是～的	shì～de		～したのだ ⇨ p.89、124
是的	shì de		はい、そうです（肯定の返事）
是吗	shì ma		そうですか
收下	shōuxià	動	受け取る
手机	shǒujī	名	携帯電話
首	shǒu	量	～曲、～首（歌や詩を数える）
书	shū	名	本
书吧	shūbā	名	読書喫茶
书包	shūbāo	名	通学用のかばん
叔叔	shūshu	名	おじさん
舒服	shūfu	形	気分がよい
暑假	shǔjià	名	夏休み
属	shǔ	動	～年生まれ
鼠	shǔ	名	ネズミ
数码相机	shùmǎ xiàngjī		デジタルカメラ
帅	shuài	形	かっこいい
涮羊肉	shuànyángròu	名	しゃぶしゃぶ
双	shuāng	量	～組、～足（対になっているものを数える）
谁	shuí(shéi)	代	だれ、どなた
水果	shuǐguǒ	名	果物
睡	shuì	動	寝る
睡觉	shuì//jiào	動	寝る
说	shuō	動	話す、言う、叱る
说错	shuōcuò	動	言い間違える
四	sì	数	4
四川菜	Sìchuāncài	名	四川料理
送	sòng	動	贈る
酸	suān	形	酸っぱい
虽然	suīrán	接	～であるけれども
岁	suì	量	～歳（年齢を数える）
岁数	suìshu	名	年齢
所以	suǒyǐ	接	だから、したがって

T

它	tā	代	それ、あれ
它们	tāmen	代	それら、あれら
他	tā	代	彼
他们	tāmen	代	彼ら
她	tā	代	彼女
她们	tāmen	代	彼女たち
台	tái	量	～台（機械などを数える）
台湾	Táiwān	名	台湾
太～了	tài～le		あまりにも～すぎる、たいへん
弹	tán	動	弾く
弹钢琴	tán gāngqín		ピアノを弾く
弹吉他	tán jítā		ギターを弾く
汤	tāng	名	スープ
糖	táng	名	あめ、砂糖
糖醋鱼	tángcùyú	名	魚の甘酢あんかけ
躺	tǎng	動	横になる、寝そべる
烫	tàng	動	アイロンをかける
		形	熱い
趟	tàng	量	～回、～度（一往復の回数を数える）
陶吧	táobā	名	陶芸教室
特别	tèbié	副	特に
疼	téng	形	痛い
踢	tī	動	蹴る
踢足球	tī zúqiú		サッカーをする
体育运动	tǐyù yùndòng		スポーツ
天	tiān	量	～日間（日数を数える）
		名	空、天気
天安门广场	Tiān'ānmén Guǎngchǎng		

		名	天安門広場(北京の名所)
天津	Tiānjīn	名	テンシン、天津(中国の地名)
天坛公园	Tiāntán Gōngyuán	名	天壇公園(北京の名所)
田中	Tiánzhōng	名	田中(姓)
甜	tián	形	甘い
条	tiáo	量	～本、～匹(細長い物やある種の動物を数える)
跳舞	tiào//wǔ	動	踊る、ダンスをする
听	tīng	動	聞く
听不懂	tīngbudǒng	動	聞き取れない、聞いて分からない
听得懂	tīngdedǒng	動	聞き取れる、聞いて分かる
听懂	tīngdǒng	動	(聞いて)分かる
听见	tīngjiàn	動	耳に入る、聞こえる
听力	tīnglì	名	聞き取り能力
听说	tīngshuō	動	聞くところによれば～だそうだ
停	tíng	動	(雨などが)やむ、停止する
停车场	tíngchēchǎng	名	駐車場、駐輪場
挺	tǐng	副	とても
挺～的	tǐng～de		とても～
同学	tóngxué	名	同級生、～さん(学生に対する呼称)
痛	tòng	形	痛い
偷	tōu	動	盗む
偷走	tōuzǒu	動	盗んでいく
头	tóu	名	頭
头疼	tóuténg	形	頭痛がする
图书馆	túshūguǎn	名	図書館
兔	tù	名	ウサギ
退烧药	tuìshāoyào	名	解熱剤

W

挖	wā	動	掘る
哇	wa	助	=啊 感嘆などの語気を表す
外	wài	名	外
外币	wàibì	名	外貨
外边儿	wàibian	名	外、外側
外国	wàiguó	名	外国
外国人	wàiguórén	名	外国人
外面	wàimiàn	名	外、外側
外头	wàitou	名	外、外側
外语	wàiyǔ	名	外国語
～完	wán	動	(結果補語として)～し終える
玩儿	wánr	動	遊ぶ
晚	wǎn	形	(時間が)遅い
晚饭	wǎnfàn	名	晩ご飯
晚会	wǎnhuì	名	(夜の)パーティー、～の夕べ
晚上	wǎnshang	名	晩、夜
碗	wǎn	量	～膳、～個(碗に入ったものを数える)
万	wàn	数	万
王府井大街	Wángfǔjǐng Dàjiē	名	ワンフーチン大通り(北京の繁華街)
网吧	wǎngbā	名	ネットカフェ
网球	wǎngqiú	名	テニス
往	wǎng	前	～へ⇨p.94
忘	wàng	動	忘れる
忘在～	wàngzài		～に忘れる
威士忌	wēishìjì	名	ウイスキー
喂	wéi	嘆	(電話での呼びかけに)もしもし
为	wèi	前	～のために⇨p.94
为什么	wèi shénme		なぜ、どうして
味道	wèidao	名	味
胃	wèi	名	胃
胃口	wèikǒu	名	食欲
文化	wénhuà	名	文化
文学	wénxué	名	文学
问	wèn	動	問う、尋ねる

问题	wèntí	名	質問、問題
翁	Wēng	名	翁(姓)
我	wǒ	代	私、僕
我们	wǒmen	代	私たち
乌龙茶	wūlóngchá	名	ウーロン茶
五	wǔ	数	5
五一	Wǔ-Yī	名	メーデーの略称
午饭	wǔfàn	名	昼ご飯

X

西安	Xī'ān	名	シーアン、西安(中国の地名)
西边儿	xībianr	名	西、西側
西面	xīmiàn	名	西、西側
稀饭	xīfàn	名	おかゆ
习惯	xíguàn	動	慣れる
		名	習慣
洗	xǐ	動	洗う
洗澡	xǐ//zǎo	動	お風呂に入る
喜欢	xǐhuan	動	好きである、好む
下	xià	名	下、(時間や順序が)次の
		動	下りる、(雪や雨が)降る
下班	xià//bān	動	退勤する
下边儿	xiàbianr	名	下、下の方
下车	xià//chē	動	下車する
下(个)星期	xià(ge)xīngqī		来週
下个月	xià ge yuè		来月
下课	xià//kè	動	授業が終わる
下来	xiàlai	動	下りてくる
下面	xiàmiàn	名	下、次
下去	xiàqu	動	下りていく
下午	xiàwǔ	名	午後
下星期天	xià xīngqītiān		来週の日曜日
下雨	xià yǔ		雨が降る
夏天	xiàtiān	名	夏
先	xiān	副	先に、まず
先生	xiānsheng	名	〜さん(成人男性に対する敬称)
咸	xián	形	塩辛い
现金	xiànjīn	名	現金
现在	xiànzài	名	いま
羡慕	xiànmù	形	羨ましい
香波	xiāngbō	名	シャンプー
香港	Xiānggǎng	名	ホンコン、香港
想	xiǎng	動	思う、考える
		助動	〜したいと思う ⇨p.51、95
想起来	xiǎngqilai	動	思い出す
向	xiàng	前	〜へ、〜に ⇨p.94
相机	xiàngjī	名	カメラ
小	xiǎo	形	小さい、年下である
		接頭	〜くん、〜さん(目下や同輩の姓の前につけ、親しみを表す)
小姐	xiǎojiě	名	〜さん(若い女性に対する敬称)
小林	Xiǎolín	名	小林(姓)
小时	xiǎoshí	名	〜時間(時間を数える単位)
小时候	xiǎo shíhou		小さい時
小说	xiǎoshuō	名	小説
笑	xiào	動	笑う
笑起来	xiàoqilai	動	笑い出す
鞋	xié	名	靴
写	xiě	動	書く
写信	xiě xìn		手紙を書く
谢谢	xièxie	動	ありがとう、感謝する
新课	xīnkè	名	新しい課
新年	xīnnián	名	元旦
信	xìn	名	手紙
信用卡	xìnyòngkǎ	名	クレジットカード
星期	xīngqī	名	曜日, 週
星期二	xīngqī'èr	名	火曜日
星期几	xīngqī jǐ		何曜日
星期六	xīngqīliù	名	土曜日
星期日	xīngqīrì	名	日曜日
星期三	xīngqīsān	名	水曜日
星期四	xīngqīsì	名	木曜日

星期天	xīngqītiān	名	日曜日
星期五	xīngqīwǔ	名	金曜日
星期一	xīngqīyī	名	月曜日
行	xíng	動	よろしい
行李	xíngli	名	荷物
兴趣	xìngqù	名	興味
姓	xìng	動	～という姓である
兄弟	xiōngdì	名	兄弟
熊	xióng	名	クマ
熊猫	xióngmāo	名	パンダ
休息	xiūxi	動	休む
需要	xūyào	動	要る
许	Xǔ	名	許(姓)
选	xuǎn	動	選ぶ
学	xué	動	習う
学好	xuéhǎo	動	マスターする
学生	xuésheng	名	学生
学生证	xuéshēngzhèng	名	学生証
学习	xuéxí	動	勉強する
学校	xuéxiào	名	学校
雪碧	Xuěbì	名	スプライト

Y

牙	yá	名	歯
亚洲	Yàzhōu	名	アジア
烟	yān	名	タバコ、煙
颜色	yánsè	名	色
眼镜	yǎnjìng	名	メガネ
演唱会	yǎnchànghuì	名	コンサート
羊	yáng	名	羊
腰	yāo	名	腰
药	yào	名	薬
要	yào	動	要る、かかる、注文する
		助動	～したい、～しなければならない ⇨ p.51、95
要～了	yào～le		もうすぐ～する ⇨ p.58、125
要是	yàoshi	接	もし～ならば ⇨ p.81
钥匙	yàoshi	名	鍵
爷爷	yéye	名	おじいさん、(父方の)祖父
也	yě	副	も
页	yè	量	～ページ
一	yī	数	1
一边～一边～	yìbiān～yìbiān～		～しながら～する ⇨ p.119
一点儿	yìdiǎnr	数量	少し
一定	yídìng	副	きっと、必ず
一共	yígòng	副	合計で
一会儿	yíhuìr	数量	しばらく
一～就～	yī～jiù～		～すると、(すぐ)～する ⇨ p.103
一块儿	yíkuàir	副	一緒に
一起	yìqǐ	副	一緒に
一下	yíxià	数量	(動詞の後に用い)ちょっと～する ⇨ p.80
一些	yìxiē	数量	少し
一样	yíyàng	形	同じである
一直	yìzhí	副	まっすぐ、ずっと
伊妹儿	yīmèir	名	電子メール
衣服	yīfu	名	服
医生	yīshēng	名	医者
医院	yīyuàn	名	病院
颐和园	Yíhéyuán	名	頤和園(北京の名所)
已经	yǐjīng	副	すでに
以后	yǐhòu	名	～してから、以後
以前	yǐqián	名	以前、前
椅子	yǐzi	名	椅子
意大利	Yìdàlì	名	イタリア
因特网	yīntèwǎng	名	インターネット
因为	yīnwèi	接	～なので、～だから(原因や理由を表す)
音乐	yīnyuè	名	音楽
音乐吧	yīnyuèbā	名	ミュージックバー
银	yín	名	銀
银行	yínháng	名	銀行
饮料	yǐnliào	名	飲み物

印度	Yìndù	名 インド
应该	yīnggāi	助動 ～すべきである
英镑	yīngbàng	名 英ポンド
英国	Yīngguó	名 イギリス
英文	Yīngwén	名 英語
英语	Yīngyǔ	名 英語
赢	yíng	動 勝つ
影片	yǐngpiàn	名 映画
硬币	yìngbì	名 硬貨
用	yòng	動 使う
用不了	yòngbuliǎo	動 かからない、使い切れない
邮局	yóujú	名 郵便局
邮票	yóupiào	名 切手
油腻	yóunì	形 脂っこい
游	yóu	動 泳ぐ
游客	yóukè	名 観光客
游览	yóulǎn	動 遊覧する
游泳	yóu//yǒng	動 泳ぐ
友谊	yǒuyì	名 友情
有	yǒu	動 ある、いる、持っている
有点儿	yǒudiǎnr	副 少し
有事(儿)	yǒu shì(r)	用事がある
有些	yǒuxiē	代 一部(の)
有意思	yǒu yìsi	面白い
又	yòu	副 また ⇨ p.110
右	yòu	名 右
右边儿	yòubianr	名 右、右側
右面	yòumiàn	名 右、右側
鱼	yú	名 魚
愉快	yúkuài	形 楽しい
雨	yǔ	名 雨
雨伞	yǔsǎn	名 雨傘
雨衣	yǔyī	名 レインコート
元	yuán	量 元(中国貨幣の単位)
圆珠笔	yuánzhūbǐ	名 ボールペン
远	yuǎn	形 遠い
愿意	yuànyì	助動 ～したいと思う
约会	yuēhuì	動 デートをする

		名 会う約束、デート
月	yuè	名 ～月(月順、月の単位を示す)
月票	yuèpiào	名 定期券
越～越	yuè～yuè	副 ～であれば～であるほど ⇨ p.118
云	yún	名 雲

Z

杂志	zázhì	名 雑誌
在	zài	前 ～で(～する) ⇨ p.43、94
		副 ～している ⇨ p.43
		動 いる、ある ⇨ p.72
再	zài	副 再び、(～して)それから
再见	zàijiàn	動 さようなら、また会いましょう
咱们	zánmen	代 私たち(話し手と聞き手の双方を含む)
早	zǎo	形 (時間が)早い
早饭	zǎofàn	名 朝ご飯
早上	zǎoshang	名 朝
怎么	zěnme	代 どのように、どうして ⇨ p.110
怎么办	zěnme bàn	どうしましょう
怎么了	zěnme le	どうしましたか
怎么样	zěnmeyàng	代 どうですか
站	zhàn	動 立つ
站起来	zhànqǐlai	動 立ち上がる
张	Zhāng	名 張(姓)
张	zhāng	量 ～枚、～脚(切符、紙、机などを数える)
招待	zhāodài	動 もてなす
找	zhǎo	動 探す
找到	zhǎodào	動 見つける、見つかる
找着	zhǎozháo	動 見つける、見つかる
照	zhào	動 (写真を)撮る
照片	zhàopiàn	名 写真
照相	zhào//xiàng	動 写真を撮る

照相机	zhàoxiàngjī	名	カメラ
这	zhè	代	これ、それ
这里	zhèli	代	ここ、そこ
这儿	zhèr	代	ここ、そこ
这次	zhèi cì		今回
这个	zhèi(zhè)ge	代	これ、それ、この、その
这个星期	zhèige xīngqī		今週
这个月	zhèige yuè		今月
着	zhe	助	～して(～する) ⇨p.73/～している ⇨p.103
真	zhēn	副	本当に、じつに
正	zhèng	副	～しているところだ ⇨p.103
正好	zhènghǎo	副	ちょうど、おりよく
正在	zhèngzài	副	～しているところだ ⇨p.103
政治	zhèngzhì	名	政治
只	zhī	量	～匹(動物などを数える)
枝	zhī	量	～本(棒状のものなどを数える)
知道	zhīdao	動	知っている
职员	zhíyuán	名	職員
只	zhǐ	副	だけ
只是	zhǐshì	接	ただ、ただし
纸	zhǐ	名	紙
纸币	zhǐbì	名	紙幣
质量	zhìliàng	名	品質
中餐厅	zhōngcāntīng	名	中華料理のレストラン
中村	Zhōngcūn	名	中村(姓)
中国	Zhōngguó	名	中国
中国菜	Zhōngguócài	名	中華料理
中秋节	Zhōngqiū Jié	名	中秋節(旧暦の8月15日)
中文	Zhōngwén	名	中国語
中旬	zhōngxún	名	中旬
钟头	zhōngtóu	名	～時間(時間を数える単位)
种	zhǒng	量	種類
重	zhòng	形	重い
周末	zhōumò	名	週末
周五	zhōuwǔ	名	金曜日
周一	zhōuyī	名	月曜日
猪	zhū	名	豚
猪肉	zhūròu	名	豚肉
住	zhù	動	泊まる、住む
住在	zhùzài		～に住んでいる、～に泊まる
祝	zhù	動	祈る、祝う
专业	zhuānyè	名	専攻
准备	zhǔnbèi	動	～するつもりだ、準備する
桌子	zhuōzi	名	机
字	zì	名	字
自己	zìjǐ	代	自分
自行车	zìxíngchē	名	自転車
走	zǒu	動	行く、歩く
走进来	zǒujinlai	動	入ってくる
走进去	zǒujinqu	動	入っていく
走上来	zǒushanglai	動	歩いて上がってくる
走上去	zǒushangqu	動	歩いて上がっていく
走着去	zǒuzhe qù		歩いて行く
足球	zúqiú	名	サッカー
最	zuì	副	もっとも
最近	zuìjìn	名	近頃、最近
昨天	zuótiān	名	昨日
昨晚	zuówǎn	名	昨夜
左	zuǒ	名	左
左边儿	zuǒbianr	名	左、左側
左面	zuǒmiàn	形	左、左側
左右	zuǒyòu	名	ぐらい
佐藤	Zuǒténg	名	佐藤(姓)
作业	zuòyè	名	宿題
坐	zuò	動	乗る、座る
做	zuò	動	作る、する、やる
做菜	zuò cài		料理を作る
做饭	zuò fàn		食事を作る
做好	zuòhǎo	動	し終わる、し終える
做完	zuòwán	動	し終わる、し終える

胡 金 定（こ　きんてい）
　　甲南大学
　　国際言語文化センター教授

吐山明月（はやま　めいげつ）
　　甲南大学
　　国際言語文化センター非常勤講師

● 表紙デザイン：トミタ制作室
● 本文イラスト：インフォクイーン株式会社
　　　　　　　　　　（長岡理恵）

|新版| 中国語コミュニケーション ステップ 24　|音声ダウンロード|

2007 年 4 月 6 日　初版発行
2019 年 4 月 1 日　新版第 1 刷発行

著　者　胡金定・吐山明月
発行者　佐藤康夫
発行所　白帝社

　　〒171-0014　東京都豊島区池袋 2-65-1
　　TEL 03-3986-3271　FAX 03-3986-3272
　　http://www.hakuteisha.co.jp/

組版　(株)柳葉コーポレーション　　印刷　倉敷印刷(株)　　製本　ティーケー出版印刷

Printed in Japan〈検印省略〉6914　　　　　　　　ISBN978-4-86398-353-3
定価は表紙に表示してあります。

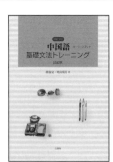

[CD付] **中国語基礎文法トレーニング**
[改訂版]　　　　　付・ワークブック

胡金定・吐山明月　著

■全5ユニット■基礎文法を整理し、中検4級から3級レベルの練習問題を解きながら実力を養う。

◆B5判　128p.＋ワークブック88p
◆定価［本体2700円＋税］

[CD付] 中級講読テキスト
中国文化散歩

胡金定　監修
衛榕群・山添秀子・于耀明・鄭萍　著

■全12課■中国人の日常生活と各地の習慣から中国文化が理解できるよう編集。平易で暗誦しやすい文章からなる。

◆B5判　78p.
◆定価［本体2500円＋税］

付録3　中国語音節表

声母＼韻母	1（介音なし)																	
	a	o	e	-i [ï]	-i [ɿ]	er	ai	ei	ao	ou	an	en	ang	eng	ong	i	ia	ie	iao	iou/-iu
b	ba	bo					bai	bei	bao		ban	ben	bang	beng		bi		bie	biao	
p	pa	po					pai	pei	pao	pou	pan	pen	pang	peng		pi		pie	piao	
m	ma	mo	me				mai	mei	mao	mou	man	men	mang	meng		mi		mie	miao	miu
f	fa	fo						fei		fou	fan	fen	fang	feng						
d	da		de				dai	dei	dao	dou	dan	den	dang	deng	dong	di	dia	die	diao	diu
t	ta		te				tai		tao	tou	tan		tang	teng	tong	ti		tie	tiao	
n	na		ne				nai	nei	nao	nou	nan	nen	nang	neng	nong	ni		nie	niao	niu
l	la	lo	le				lai	lei	lao	lou	lan		lang	leng	long	li	lia	lie	liao	liu
g	ga		ge				gai	gei	gao	gou	gan	gen	gang	geng	gong					
k	ka		ke				kai	kei	kao	kou	kan	ken	kang	keng	kong					
h	ha		he				hai	hei	hao	hou	han	hen	hang	heng	hong					
j																ji	jia	jie	jiao	jiu
q																qi	qia	qie	qiao	qiu
x																xi	xia	xie	xiao	xiu
zh	zha		zhe	zhi			zhai	zhei	zhao	zhou	zhan	zhen	zhang	zheng	zhong					
ch	cha		che	chi			chai		chao	chou	chan	chen	chang	cheng	chong					
sh	sha		she	shi			shai	shei	shao	shou	shan	shen	shang	sheng						
r			re	ri					rao	rou	ran	ren	rang	reng	rong					
z	za		ze		zi		zai	zei	zao	zou	zan	zen	zang	zeng	zong					
c	ca		ce		ci		cai		cao	cou	can	cen	cang	ceng	cong					
s	sa		se		si		sai		sao	sou	san	sen	sang	seng	song					
ゼロ	a	o	e			er	ai	ei	ao	ou	an	en	ang			yi	ya	ye	yao	you

		2（介音 i）						3（介音 u）						4（介音 ü）		
ian	in	iang	ing	iong	u	ua	uo	uai	uei -ui	uan	uen -un	uang	ueng	ü	üe	üan	ün
bian	bin		bing		bu												
pian	pin		ping		pu												
mian	min		ming		mu												
					fu												
dian			ding		du		duo		dui	duan	dun						
tian			ting		tu		tuo		tui	tuan	tun						
nian	nin	niang	ning		nu		nuo			nuan				nü	nüe		
lian	lin	liang	ling		lu		luo			luan	lun			lü	lüe		
					gu	gua	guo	guai	gui	guan	gun	guang					
					ku	kua	kuo	kuai	kui	kuan	kun	kuang					
					hu	hua	huo	huai	hui	huan	hun	huang					
jian	jin	jiang	jing	jiong										ju	jue	juan	jun
qian	qin	qiang	qing	qiong										qu	que	quan	qun
xian	xin	xiang	xing	xiong										xu	xue	xuan	xun
					zhu	zhua	zhuo	zhuai	zhui	zhuan	zhun	zhuang					
					chu	chua	chuo	chuai	chui	chuan	chun	chuang					
					shu	shua	shuo	shuai	shui	shuan	shun	shuang					
					ru		ruo		rui	ruan	run						
					zu		zuo		zui	zuan	zun						
					cu		cuo		cui	cuan	cun						
					su		suo		sui	suan	sun						
yan	yin	yang	ying	yong	wu	wa	wo	wai	wei	wan	wen	wang	weng	yu	yue	yuan	yun